AF746698

Viabilité des finances publiques marocaines

Mohamed KARIM

Viabilité des finances publiques marocaines

L'Harmattan

5-7, rue de l'École-Polytechnique ; 75005 Paris
http://www.librairieharmattan.com
diffusion.harmattan@wanadoo.fr
harmattan1@wanadoo.fr
ISBN : 978-2-296-12688-6
EAN: 9782296126886

Du même auteur

Ouvrage :

" *Management des finances publiques au Maroc : Contexte actuel et évaluation* ", 1ère édition 2006, *édition Al Maarif Al jadida.*

Articles dans des revues scientifiques :

[1] "*La relation causale entre les recettes et les dépenses budgétaires. Un modèle de cointegration et à correction d'erreur appliqué au Maroc*", Revue « Critique Economique », n° 18, pp. 11-2, 2006, (Coauteur : Bouzahzah M.).

[2] "*Ouverture commerciale et féminisation du marché du travail. L'exemple du Maroc*", Revue « Economie Appliquée », n° 4, pp. 11-2, 2009 (Coauteurs : Bouzahzah M., F. Bismans, O. Damette).

[3] "*Le profil budgétaire. Une analyse à l'aide du modèle de Holt-Winters*", Revue du « Bureau d'Analyse du Budget (BAB) », n° 1, 2007, Chambre des Conseillers.

Communications et conférences :

[1] "*Ouverture commerciale et féminisation du marché du travail. L'exemple du Maroc*", (Coauteurs : Bouzahzah M., F. Bismans, O. Damette), travail de recherche présenté au 49ème congrès annuel de la Société Canadienne de Science Economique, du 13 au 15 mai 2009 à l'Hôtel Mont Gabriel (Sainte-Adèle), Québec.

[2] "*La mise en oeuvre des réformes budgétaires orientées vers la performance : l'exemple du Maroc*", première session de la réunion des hauts responsables du budget de la région MENA, la budgétisation de la performance, Meeting organisé par l'OCDE, le 24 et 25 novembre 2008 au Caire, Egypte.

[3] "*Des angles pour une réforme de la loi organique des finances de 1998*", journée d'étude sur les lois de finances et le contrôle Parlementaire, Chambre des conseillers, le 17 octobre 2008 à l'hôtel Rihab, Rabat.

[4] "*Impact des politiques budgétaires et fiscales sur les inégalités et la pauvreté au Maroc. Une analyse quantitative*", (Co-auteur : Bouzahzah M.), 10ème rencontre euro méditerranéenne, les 4 et 5 Novembre 2006, le Caire, Egypte.

Rapports et études :

[1] "*Dix ans d'économie et de développement* ", le Trône, un lien puissant, numéro spécial de la Revue « la Gazette du Maroc », n° 634, du 24 au 30 juillet 2009, pp 14-28.

[2] "*Etude sur l'évolution des structures économiques au Maroc*", Commission Economique des Nations Unies pour l'Afrique du Nord, Bureau du CEA, mars 2006.

[3] "*Evaluation des stratégies de développement pour la réalisation des objectifs du millénaire (OMD) au Maroc*", Programme des Nations Unis pour le Développement (PNUD)/ Haut Commissariat au Plan (HCP), 2008-2009.

Chroniques dans l'Hebdomadaire Challenge :

[1] "*Les 5 préalables pour réussir la gestion de la trésorerie publique*, l'Hebdo Marocain des Décideurs « Challenge » , n° 252 du 26 septembre au 02 octobre 2009, pp 30-31.

[2] "*Relance budgétaire en 2010. Un moyen pour atténuer les effets de la crise économique et financière*", l'hebdo marocain des décideurs « Challenge », n° 257 du 31 octobre au 06 novembre 2009, pp 30-31.

[3] "*La consolidation des comptes publics. Une des exigences la plus importante de la Norme Spéciale de Diffusion de Données (NSDD) du FMI* ", l'Hebdo Marocain des Décideurs « Challenge » , n° 259 du 14 novembre au 21 novembre, pp 30-31.

[4] "*Comptes spéciaux. A quand la fin des caisses noires*", l'Hebdo Marocain des Décideurs « Challenge », n° 262 du 05 au 11 décembre, pp 32-34.

Abréviations et acronymes

AC	Administrations Centrales
ACCT	Agence Centrale Comptable du Trésor
ADII	Administration des Douanes et des Impôts Indirects
ARIMA	Autorégressive Integrated Moving Average
ADM	Autoroutes du Maroc
BAD	Banque Arabe pour le Développement
BAM	Bank Al Maghrib
CDMT	Cadre de Dépenses à Moyen Terme
CCF	Comité de Conjoncture Financière
CED	Contrôle des Engagements de Dépenses
CDG	Caisse de Dépôt et de Gestion
CFAA	Country Financial Accountability Assessment
CMR	Caisse Marocaine de Retraite
CNSS	Caisse Nationale de Sécurité Sociale
CNOPS	Caisse Nationale des Organismes de Prévoyance Sociale
COSEF	Commission Supérieur de l'Education et de la Formation
CST	Comptes Spéciaux du Trésor
DEPP	Direction des Entreprises Publiques et de la Privatisation
DGI	Direction Générale des Impôts
DH	Dirhams Marocains
DEPF	Direction des Etudes et des Prévisions Financières
DTFE	Direction du Trésor et des Finances Extérieures
EEP	Entreprises et Etablissements Publics
EGC	Equilibre Général Calculable
FMI	Fonds Monétaire International
GFYB	Government Finance Year Book
GID	Gestion Intégrée des Dépenses
HP	Hodrick Prescott
IAM	Itissalat Al Maghrib
IR	Impôt sur le Revenu
IS	Impôt sur les Sociétés

LOF	Loi Organique des Finances
MCO	Moindres Carrés Ordinaires
MSFP	Manuel des Statistiques de Finances Publiques
NSDD	Norme Spéciale de Diffusion des Données
OMD	Objectifs du Millénaire pour le Développement
OCDE	Organisation pour la Coopération et le Développement Economique
ONCF	Office National des Chemins de Fer
ONE	Office National d'Electricité
ONDA	Office National des Aéroports
ONT	Office des Transports
SPOT	Situation Provisoire des Opérations du Trésor
PNUD	Programme des Nations Unis pour le Développement
RAM	Royal Air Maroc
RCAR	Régime Collectif d'Allocations et de Retraites
PIB	Produit Intérieur Brut
SCRT	Situation des Charges et Ressources du Trésor
SEGMA	Services de l'Etat Gérés de Manière Autonome
SFP	Statistiques des Finances Publiques
TGR	Trésorerie Générale du Royaume
TIC	Taxes Intérieures de Consommation
TPA	Taxe sur les Produits des Actions
TPI	Taxe sur les Profits Immobiliers
TPCVM	Taxe sur les produits de Cession des Valeurs Mobilières
TPPRF	Taxe sur les Produits de Placement à Revenus Fixes
TOFT	Tableau des Opérations Financière du Trésor
TSAVA	Taxe Spéciale Vignette Automobile
TVA	Taxe sur la Valeur Ajoutée
VAR	Vecteur Autorégressif
VEH	Variation Equivalente de Hicks

Introduction générale

En 1983, partant d'une situation économique et financière difficile, le Maroc s'est engagé dans un processus d'ajustement structurel ou, sous un angle plus analytique, dans un processus d'ajustement budgétaire et fiscal. Le besoin d'un tel ajustement résultait de l'ampleur des déficits intérieurs et extérieurs qui n'étaient plus viables.

Après plus de deux décennies d'application de cette politique, les résultats sont, dans l'ensemble, largement positifs, et plus particulièrement les indicateurs des finances publiques : le déficit budgétaire est passé de plus de 9% du PIB en 1983 à un déficit budgétaire de 2,2% du PIB en 2009. Par contre, en 2010, le déficit budgétaire global atteindrait en prévision 4% du PIB. Les progrès économiques et financiers, réalisés ces dernières années, ont permis de consolider la position budgétaire.

Nous rappelons aussi que le dernier rapport de la Banque Mondiale « *Country Financial Accountability Assessment, CFAA* » (Messali, P. 2007) considère que le système marocain des finances publiques bénéficie d'un niveau élevé de fiabilité.

Sur un plan analytique, une meilleure appréciation de la soutenabilité des finances publiques nécessite de distinguer, dans le déficit total, la part due à la situation de l'économie dans le cycle de l'activité et la part qui est indépendante de ces fluctuations. Cette évaluation est importante, à la fois pour le pilotage macroéconomique et pour la gestion des problèmes de régulation conjoncturelle. Une tendance à la baisse du déficit budgétaire structurel est observée ces dernières années (Chapitre 4).

Aujourd'hui, nous constatons que deux principaux éléments ont contribué à ces performances :

• Le bon comportement des recettes fiscales, surtout de l'impôt sur les sociétés (IS) et de l'impôt sur le revenu (IR), grâce à l'effort de recouvrement fourni par l'administration fiscale et à la réduction progressive des exonérations, notamment celles afférentes à la taxe sur la valeur ajoutée (TVA).

• La stabilisation des effectifs de la fonction publique, grâce au maintien de la mesure de suppression des postes budgétaires libérés à la retraite normale et leur redéploiement en faveur des secteurs prioritaires, et grâce aussi aux quelques économies sur salaires générées par l'opération du départ volontaire à la retraite de 2005.

Par contre, en matière de compensation des prix de certains produits alimentaires, une refonte du système actuel s'impose avec acuité en faveur d'un meilleur ciblage de la population pauvre. Par rapport aux exigences du développement humain, aucun résultat positif ne pourrait être attendu sans l'amélioration des conditions de vie des couches pauvres et sans l'accélération de la mise en œuvre des initiatives du développement humain.

Par ailleurs, quelque soit l'orientation budgétaire et financière empruntée par un pays, elle ne peut être dissociée du cadre légal qui la régit. Au Maroc, un grand effort doit être déployé du côté de la dépense publique (Bensouda, N. 2009). Ceci nécessite une profonde révision de la loi organique des finances de 1998. En effet, cette loi constituant une composante essentielle de ce cadre légal à côté du Règlement Général de Comptabilité Publique de 1967, prévoit que les recettes inscrites en loi de finances sont évaluatives et les dépenses limitatives. C'est-à-dire que ces crédits constituent des plafonds à ne pas dépasser sauf dérogations accordées par les articles 41 à 46 de ladite loi. Les recettes sont enregistrées sur la base des encaissements / décaissements et les dépenses sur la base des ordonnancements ; c'est ce qu'on appelle la base « *caisse* ».

Il résulte de ce cadre juridique que les opérations budgétaires, essentiellement de dépenses, peuvent, en cours d'année, s'exécuter au-delà de ce qui est prévu sans avoir besoin d'une nouvelle autorisation Parlementaire (sous forme de lois de finances rectificatives). Plusieurs facteurs objectifs expliquent les écarts, parfois importants, par rapport aux prévisions budgétaires et fiscales initiales. Ces facteurs ont trait à (i) la prudence généralement observée lors de l'établissement des prévisions des projets de loi de finances, (ii) le changement dans le scénario de base ayant sous-tendu l'élaboration du projet du budget, (iii) l'impact de l'environnement international sur l'économie marocaine, (iv) le caractère erratique de l'évolution de certaines opérations financières et, (v) la possibilité qu'offre la loi organique des finances de 1998, au Gouvernement, de modifier les crédits budgétaires initiaux.

D'un autre côté, il est constaté que les taux d'émissions des crédits d'investissement des ministères étaient seulement, d'une moyenne de 70%. Cet indicateur révèle le problème de gestion des crédits budgétaires rencontré par ces ministères. Dans ce processus, la Trésorerie Générale du Royaume a fait preuve d'une grande efficacité, du moment que les rejets en cascade étaient soigneusement justifiés.

Ainsi, nous nous sommes proposés, dans ce travail, d'apprécier dans quelle mesure les prévisions des opérations budgétaires, de recettes et de dépenses, par rapport à leur exécution, étaient bien formulées (Chapitre 2).

Si, dans la pratique, cette gestion s'attache à préserver l'équilibre financier et maintenir, tel que prévu, le solde budgétaire global, il n'en demeure pas moins que la trajectoire budgétaire et fiscale et, par conséquent, la trajectoire financière prévue risquerait de connaître d'importants changements en exécution. La « *dénaturation* » du profil de la loi de finances implique un changement implicite des choix budgétaires retenus initialement chez les politiques.

Dès lors, l'un des enjeux de la politique budgétaire marocaine consiste à élaborer une trajectoire pluriannuelle viable et soutenable et à identifier les instruments propres à en assurer le respect (Chapitre 3). Ce nouvel instrument est une projection, à moyen terme, des charges et des ressources du Trésor.

Bien évidemment, la trajectoire empruntée devrait prendre en considération le potentiel fiscal existant et, aussi, les possibilités de financement du déficit budgétaire offertes par le marché.

Au niveau de la fiscalité, nous rappelons que le système fiscal marocain a connu, à la fin des années 80, une réforme importante qui s'est traduite par l'introduction des principaux impôts actuels, la taxe sur la valeur ajoutée en 1986, l'impôt sur les sociétés en 1987 et l'impôt général sur le revenu des personnes physiques en 1990, devenu l'impôt sur le revenu à partir de 2006. Cette réforme a permis au Maroc de disposer d'un système fiscal comportant les caractéristiques d'une fiscalité moderne.

A l'instar des pays en développement, la politique fiscale marocaine chercherait plutôt à s'appuyer sur la taxe sur la valeur ajoutée en raison de sa neutralité économique, du moment que l'impôt sur les sociétés et l'impôt sur le revenu sont des impôts moins neutres que la TVA et que leurs assiettes fiscales sont étroites. Quelles seraient alors les répercussions économiques et financières d'une réforme partielle du système fiscal et de son centrage sur la TVA (Chapitre 5).

Pour répondre à cette question, nous construisons un modèle calculable d'équilibre général multisectoriel. Une telle approche, qui s'appuie sur des estimations sectorielles pertinentes, nous a semblé préférable aux études plus classiques en équilibre partiel et aux études économétriques.

Au niveau du financement, notamment la trésorerie et la dette publiques, il faut signaler que bien que la part de la dette publique directe, en pourcentage du PIB, ait relativement diminué ces dernières années, la question de sa soutenabilité demeure sujette à débat. Eu égard aux facteurs déterminants de la dynamique de l'endettement (solde budgétaire primaire, taux d'intérêt réel et taux de croissance économique), nous constatons que ces trois facteurs ont connu une évolution favorable durant au moins les dix dernières années, et ce pour les raisons suivantes :

(i) L'encaissement de recettes importantes au titre des privatisations depuis 1999 a amélioré les soldes budgétaires primaires qui, à leur tour, ont permis une aisance de trésorerie publique ;

(ii) La baisse continue des taux d'intérêts nominaux payés à la fois sur les dettes intérieure et extérieure, sous l'effet de la surliquidité bancaire induite par les transferts importants des travailleurs marocains résidents à l'étranger ;

(iii) Le réajustement, à la hausse, du PIB suite à la refonte du système de comptabilité nationale et qui s'est traduit par une révision à la hausse de 12,3%, en moyenne par an, de la valeur du PIB aux prix courants. Cette réévaluation a affecté positivement l'ensemble des agrégats macroéconomiques, en particulier ceux de la dette publique. En tenant compte de ces déterminants, qui peuvent varier dans le temps, nous essayerons de répondre aux questions suivantes : la dette publique du Trésor est-elle stationnaire ? autrement dit, est-ce qu'à politique budgétaire inchangée, l'encours observé en pourcentage du PIB tend vers un équilibre stable ? son niveau actuel est-il supportable ? (Chapitre 7).

Enfin, il faut souligner que l'impact négatif de la politique d'ajustement structurel sur les secteurs sociaux, mise en oeuvre en 1983, a contraint les pouvoirs publics a leur accorder plus d'importance.

Vu son impact positif sur la valorisation du capital humain, le secteur de l'éducation est parmi les secteurs ayant bénéficié d'importantes ressources financières comparativement à beaucoup de pays en développement. Si nous comparons la situation du Maroc à celle d'un pays arabe comme la Syrie, nous constatons que ce dernier consacre plus de ressources financières à son système éducatif, pourtant le taux global d'abandon, au niveau du cycle primaire est d'environ 3,8 fois supérieur.

Une des problématiques posées alors à ce niveau est d'approcher, de façon rigoureuse, l'impact économique des différentes modalités de financement du secteur de l'éducation en vue d'améliorer les indicateurs de scolarité à l'horizon 2015. Cette problématique est devenue, actuellement, une préoccupation majeure de l'administration, des Parlementaires et des chercheurs au Maroc (Chapitre 8).

Première partie

Viabilité budgétaire

Si les causes de la crise économique et financière internationale sont actuellement connues, ses effets sur l'économie marocaine sont aussi de plus en plus sentis et reconnus. Presque dans la majorité des pays industrialisés, les plans de relance adoptés ont fait de l'augmentation massive des dépenses publiques et/ou des réductions substantielles des impôts un véritable levier pour soutenir la demande intérieure et la croissance économique. Cette orientation n'est possible que pour les gouvernements qui possèdent encore des marges budgétaires et fiscales. L'examen de la viabilité budgétaire au Maroc est actuellement à l'ordre du jour vu que la politique budgétaire deviendrait, à juste titre, accommodante en 2010.

Pour les années antérieures, la viabilité budgétaire et fiscale telle qu'analysée dans cette partie est conduite à l'aide des outils quantitatifs. Il sera question de :

- Montrer, d'abord, sur quels aspects doit porter la réforme de la loi organique des finances de 1998 et comment se présente l'expérience française en la matière. Nous ferons apparaître les implications possibles de cette réforme sur la présentation budgétaire. Pour ce faire, nous considérons le budget de l'année 2010 à titre d'illustration (Chapitre 1);
- Evaluer la qualité des prévisions et des recettes et des dépenses en montrant les facteurs objectifs qui la réduisent. Cette analyse sera conduite à l'aide du test statistique sur la moyenne des erreurs de prévisions (Chapitre 2);
- Effectuer une analyse prospective des opérations financières entre 2010 et 2012. Si la trajectoire budgétaire n'était pas claire dans le passé, il faut signaler, qu'à partir de 2006, des Cadres de

Dépenses à Moyen Terme (CDMT), sectoriels et globaux, ont été mis en place. Leur intérêt étant de formuler de bonnes prévisions des opérations financières, et par conséquent, d'avoir plus de visibilité sur le budget (Chapitre 3) ;

• Apprécier l'ampleur des déficits budgétaires structurels favorisant le pilotage macroéconomique et la régulation des problèmes conjoncturels. Ainsi, pour évaluer la pertinence des actions budgétaires et fiscales, il faudra distinguer, dans le déficit total, la part due à l'effet de la conjoncture économique sur les recettes et/ou les dépenses et la part qui est indépendante de la conjoncture économique (Chapitre 4).

Chapitre 1

Eléments pour une réforme de la loi organique des finances de 1998

La réforme de la loi organique des finances au Maroc s'impose actuellement avec acuité, d'autant plus que la gestion des finances publiques est entrée dans une phase avancée. Cette loi constitue une véritable « *constitution financière* » permettant d'encadrer la gestion des deniers publics et de contribuer à la stabilité du cadre macroéconomique.

Il faut rappeler qu'il y a de cela une année, les autorités publiques ont engagé une première réflexion, à caractère général, au sujet des axes que la nouvelle loi organique des finances doit prendre en compte. En parallèle, le Parlement s'intéresse de plus en plus à ce chantier. Ceci témoigne de la volonté de l'administration et des politiques de produire une nouvelle loi organique des finances à la hauteur des progrès accomplis par le Maroc dans les domaines budgétaires et financiers.

Ainsi, le présent chapitre sera structuré comme suit. Le premier point présentera des axes constituant une plate-forme pour la réforme de la loi organique des finances de 1998. Il s'agit en l'occurrence de : (i) la nécessité de distinguer entre les opérations budgétaires et de trésorerie, (ii) la gestion axée sur les résultats ou la performance, (iii) l'encadrement et l'audit de la gestion budgétaire chez les ordonnateurs, et (iv) le renforcement de l'accès du Parlement à l'information et son contrôle sur les finances publiques. Le second, abordera l'expérience française en matière de gestion orientée vers la performance. Le troisième et dernier point montrera les implications de cette réforme sur la présentation du budget. Le budget pour l'année 2010 étant pris comme un exemple en vue d'illustrer nos propos.

1. Plate-forme pour une réforme de la loi organique des finances

Il faut préciser que quelque soit la forme de présentation de la nouvelle loi organique des finances, dans le fond, il existe un minimum de considérations que ladite loi doit prendre en compte. Nous développerons ainsi, en tant que chercheur, des axes de réflexion qui constituent, à notre sens, une plate-forme de réforme de cette loi. Evidement, ces dispositions auront des implications pratiques sur le budget ; entre autres, sur la présentation et la transparence budgétaires.

Nous considérons que la réflexion autour de la réforme de la loi organique des finances de 1998 au Maroc est un devoir national qui incombe à tout un chacun.

1.1. Distinction entre opérations budgétaires et de trésorerie

A ce niveau, nous proposons d'introduire, de façon explicite une distinction entre les opérations budgétaires et les opérations de trésorerie, du moment que les opérations budgétaires sont des opérations définitives et que celles de trésorerie sont des opérations provisoires. Le législateur a évoqué la notion de ressource et la notion de charge publique au niveau de l'article premier de la loi organique des finances de 1998. Cependant, les deux notions de ressource et de charge n'introduisent pas cette considération. Nous verrons, par la suite, l'intérêt de cette distinction.

Théoriquement, les opérations financières ont un caractère provisoire et permettent de couvrir le besoin de financement : émission, remboursement de prêts, opérations de dépôts des correspondants ; tandis que les dépenses budgétaires qui découlent des opérations de trésorerie, par exemple les intérêts des prêts, doivent être enregistrés comme des dépenses budgétaires.

Il faut préciser que les opérations de trésorerie sont bien cadrées par des textes légaux et sont enregistrées dans la balance générale des comptes (document produit par la Trésorerie Générale du Royaume). Cependant, les opérations de trésorerie ne sont pas discutées suffisamment par le Parlement et n'apparaissent individualisées ni dans les lois de finances de l'année ni dans les lois de règlement.

Les conséquences de cette distinction sont très importantes. En effet, l'identification des recettes et des dépenses définitives et des ressources et des charges provisoires permet de faire ressortir deux types d'équilibre : un équilibre budgétaire et un équilibre de trésorerie. Les deux notions d'équilibre étant regroupées, au niveau de l'article premier de la loi organique des finances, en vigueur en une seule notion qui est l'équilibre financier.

Pour ces raisons, nous proposons de compléter le tableau d'équilibre financier qui apparaît à l'intérieur du corps du texte de la loi de finances de l'année. Sur le plan analytique, il faut signaler aussi que les meilleures pratiques internationales en la matière font la distinction entre les opérations définitives et les opérations provisoires, dans le cadre d'une classification économique des opérations budgétaires et financières (voir le point 3).

1.2. Encadrement et audit de la gestion des ordonnateurs

Il s'agit des mesures qui permettent d'encadrer l'exécution budgétaire des ordonnateurs. En principe, la liberté de la gestion ne peut être accordée aux ordonnateurs qu'en contrepartie de leur responsabilisation. Cependant, nous estimons que trop de liberté peut amener à effectuer de mauvaises dépenses. Il faudra alors trouver un juste équilibre entre la flexibilité à donner aux gestionnaires des crédits et leur encadrement. Nous estimons qu'il faut introduire les mécanismes d'audit et d'évaluation des politiques publiques.

Par ailleurs, les crédits prévus pour le chapitre personnel peuvent, déjà, être rendus limitatifs du moment que les effectifs sont, théoriquement, maîtrisés par la Direction du Budget du Ministère des Finances. On ne peut garder le caractère évaluatif que pour les nouveaux recrutements. Il s'agit aussi de supprimer les postes budgétaires qui ne sont pas pourvus jusqu'à la fin de l'année au maximum. Rappelons qu'en 2006, par hasard, tous les ordonnateurs de la dépense ont utilisé les postes budgétaires dont ils disposaient en vertu des lois de finances anciennes. Ceci avait eu pour conséquence que la masse salariale a dépassé le montant prévu cette année-là.

Etant donné que cette souplesse, en vigueur pendant longtemps, constitue une entorse au principe budgétaire d'annualité budgétaire, la circulaire de cadrage du 26 août 2009, envoyée par le Premier Ministre au Gouvernement a supprimé ce privilège dont bénéficiaient les ministères. Ladite circulaire consiste à supprimer les postes vacants et non utilisés jusqu'à la fin de l'année 2010 et suite. Il est à souligner que cette disposition a été intégrée dans la loi de finances pour l'année 2010.

En matière de dette publique, il n'y a aucune raison, actuellement, de ne pas budgétiser la dette appelée de « *court terme* » ; c'est-à-dire la dette dont la maturité est comprise entre 1 et 5 ans.

Toujours dans le cadre de cet effort d'encadrement de la gestion des ordonnateurs, il est nécessaire de limiter les transferts entre les comptes spéciaux du Trésor par la détermination d'une limite maximale de transferts « *intercomptes spéciaux* ». De façon générale, les comptes spéciaux du Trésor compliquent la lisibilité du budget. Des excédents budgétaires importants sont enregistrés par les comptes spéciaux sans que les opérations en jeu ne soient strictement suivies et contrôlées par les politiques.

Nous estimons que si l'exécution budgétaire chez les ordonnateurs n'est pas cadrée, il n'y aurait aucune probabilité de déposer des lois de finances rectificatives au Parlement. Les marges de libertés données par la loi organique des finances, actuellement en vigueur dans les articles 41 à 46, ne laissent pas la place à un mécanisme permettant de déclencher le dépôt des lois de finances rectificatives.

Par ailleurs, le Ministre en charge des Finances est tenu d'informer les commissions compétentes du Parlement de tout prélèvement à partir du chapitre des « *dépenses imprévues et dotations provisionnelles* ». Il est nécessaire aussi d'auditer tout département ministériel et d'évaluer les politiques publiques ; une évaluation ex-anté, en cours et ex-post.

1.3. Gestion budgétaire orientée vers la performance

Le Maroc a introduit plusieurs réformes au niveau de son système budgétaire et comptable. Jusqu'à une date bien récente, le budget était exécuté sur la base d'une logique axée sur la consommation des crédits. Partout dans le monde, la tendance constatée est de réformer la présentation budgétaire en vue de permettre une gestion orientée vers la performance. Il s'agit de présenter le budget sur la base de programmes, d'objectifs précis et d'indicateurs de suivi de ces objectifs.

Cette tendance est faisable grâce à la restructuration des morasses budgétaires. En effet, il est possible d'organiser les crédits budgétaires autour de la notion de programme qui peut être identifié au niveau de chaque paragraphe budgétaire.

L'expérience française en la matière est édifiante et peut largement nous inspirer du moment que ce pays n'a mis en place cette réforme que tardivement, en 2006, et du fait de la grande similitude des systèmes budgétaires et comptables des deux pays. A signaler que cette réforme est presque achevée en France et commence à donner ses fruits (voir le point suivant sur l'expérience française).

De plus, en France, le budget permet d'identifier non seulement des programmes mais aussi des missions. Une mission est un ensemble de programmes homogènes qui permettent de réaliser une politique publique déterminée. Nous mettons la barre plus haut et nous nous posons la question de savoir s'il n'est pas possible de réviser la nomenclature budgétaire marocaine actuelle en vue de permettre la restructuration des programmes sous forme de missions.

A notre sens, le regroupement des crédits sous forme de missions faciliterait beaucoup la tâche de suivi et de contrôle chez les Parlementaires puisque le nombre de missions serait limité ; par contre, celui de programmes pourrait dépasser les 400.

1.4. Information et contrôle Parlementaire sur les finances publiques

Etant donné que nous avons proposé de distinguer, dans la loi de finances de l'année entre les opérations définitives et provisoires, il est évident de retenir la même distinction dans les lois de règlements.

Quant au délai arrêté pour le dépôt des lois de règlements, et qui est fixé par la loi organique des finances à deux ans, il serait possible, grâce à la mise en place d'un système informatisé de Gestion Intégré de la Dépense (GID), de réduire ce délai à une année et d'éviter ainsi tout retard. De plus, il faudrait renforcer les capacités des intervenants dans le système GID, qu'ils soient ordonnateurs, contrôleurs ou comptables. En outre, il serait préférable de présenter les lois de règlements pour l'examen lors de la session d'avril et de laisser la présentation du projet de loi de finances de l'année à l'examen, comme d'habitude, pour la session d'octobre.

En outre, le règlement intérieur qui régit le fonctionnement de l'institution parlementaire comprend, certes, des dispositions relatives aux prérogatives et aux attributions des commissions, notamment des finances, en matière de suivi et de contrôle de l'exécution des lois de finances. Néanmoins, rien n'interdit de faire ressortir ce rôle sous forme d'un titre à part à inscrire au niveau de la nouvelle loi organique des finances.

Il est prévu que les commissions des finances des deux Chambres suivent et contrôlent l'exécution des lois de finances et procèdent à l'évaluation de toutes les questions relatives aux finances publiques. Ces deux commissions se livrent à toutes les investigations sur pièces et sur place, et à toutes les auditions qu'elles jugent utiles, réserve faite des sujets à caractère secret concernant la défense nationale et la sécurité intérieure ou extérieure de l'Etat.

Encadré 1.1

Documents officiels remis au Parlement à l'occasion de la présentation d'un projet de loi de finances

Outre les documents officiels remis au Parlement, un volume non négligeable d'informations est transmis. D'autres documents synthétisant les premiers devraient accompagner le projet du budget tels que (i) le tableau des charges et ressources du Trésor, notamment en prévision, (ii) l'actualisation du budget en cours d'année, (iii) la situation consolidée des finances publiques selon une périodicité semestrielle et annuelle et (iv) les Cadres de Dépenses à Moyen Terme sectoriels et globaux.

Les documents officiels standards communiqués sont :

- Le projet de loi de finances proprement dit avec, généralement un bon nombre d'articles et 10 tableaux annexes relatifs aux crédits et aux recettes (la coordination est assurée par la Direction du Budget) ;
- La note de présentation du projet de loi de finances qui fournit une explication complète du contexte budgétaire global (produite par la Direction du Budget) ;

- Le rapport économique et financier qui dresse un panorama général de l'économie nationale et internationale (produit par la Direction des Etudes et des Prévisions Financières) ;
- Les morasses budgétaires avec le détail des opérations pour l'ensemble des ministères (produits par la Direction du Budget) ;
- Le rapport sur les comptes spéciaux du Trésor (produit par la Trésorerie Générale du Royaume, la Direction du Trésor et des Finances Extérieures et la Direction du Budget) ;
- Le rapport sur les Entreprises et les Etablissements Publics (Direction des Entreprises publiques et de la Privatisation) ;
- Le rapport sur l'activité des Services de l'Etat Gérés de Manière Autonome (produit par la Trésorerie Générale du Royaume et la Direction du Budget) ;
- Le rapport sur les dépenses fiscales (produit par la Direction Générale des Impôts) ;
- Le rapport sur le Genre (produit par la Direction des Etudes et des Prévisions Financières).

En définitive, quatre questions résument nos préoccupations :

(i) N'est-il pas opportun et utile d'introduire une distinction entre les opérations définitives et les opérations provisoires ? A notre sens, cette distinction est fondamentale du moment qu'elle impliquerait la soumission des opérations de trésorerie et de dépôt, à fort impact financier, à l'examen et à l'autorisation Parlementaire ;

(ii) N'est-il pas utile de donner une marge de liberté, aux gestionnaires des crédits, accompagnée d'une procédure qui les responsabilise ? A notre avis, trop de liberté peut conduire à l'exécution d'une mauvaise dépense.

(iii) N'est-il pas plus efficient d'organiser les crédits autour de la notion de mission ? Dès lors, une révision de la nomenclature actuelle s'impose. Nous estimons que le regroupement des crédits sous forme de mission faciliterait beaucoup plus la tâche de suivi et de contrôle chez les politiques puisque le nombre de missions serait limité alors que celui de programmes peut dépasser les 400.

(iv) Enfin, sur quels aspects le Gouvernement pourrait-il impliquer les Commissions de Finances du Parlement lors de la préparation du budget ? Est-il possible d'impliquer les commissions au moment de l'élaboration des Cadres de Dépenses à Moyen Terme sectoriel et globaux ?

2. Gestion budgétaire orientée vers la performance en France

L'élaboration de la loi organique des finances, relative aux lois de finances du 1er août 2001 en France, a été prise à l'initiative du Sénat sous forme de proposition de loi. Celle-ci détermine les règles applicables au budget de l'Etat à partir de 2006. Cette loi a été le résultat de tractations qui ont duré plus de quatre ans entre le Sénat et le Gouvernement.

Avec ces nouvelles règles, le Parlement français met, à la disposition des ministres, les crédits budgétaires à condition que ces derniers définissent des objectifs et des indicateurs de suivi des objectifs. Les indicateurs servent à mesurer et à suivre le degré d'atteinte de l'objectif. Bien entendu, la définition des objectifs et l'évaluation des résultats sont de nature à consolider le système de gouvernance et à améliorer l'efficacité de la dépense publique.

L'ambition de la réforme budgétaire en France est de passer d'une gestion basée sur la consommation de crédits à une gestion axée sur la performance[1]. Le budget de l'Etat permet d'inscrire les crédits des ministères en les répartissant sur 850 chapitres,

---

[1] Eléments tirés de la réunion à laquelle nous avions pris part, au titre de la première session des hauts responsables du budget de la région MENA, la budgétisation de la performance. Meeting organisé par l'OCDE, le 24 et 25 novembre au Caire, Egypte. Voir la présentation de Mordacq F. (contrôleur ministériel du budget, France). Voir toutes les présentations sur le site de l'OCDE.

chaque chapitre correspond à une dépense déterminée. Ainsi, la présentation budgétaire a été restructurée suivant la logique de résultats depuis 2006 (Mordacq F., 2008).

La restructuration retenue considère trois niveaux :

• Les missions qui comprennent un ensemble de programmes concourant à une politique publique définie et cohérente. Il existe environ 32 missions permettant au Parlement de suivre les grands domaines de la politique de l'Etat puisque le vote porte sur la mission. La mission étant l'unité de vote des crédits, elle regroupe plusieurs programmes. La mission peut intéresser des programmes différents. Il ne peut être créé une mission que sur initiative du Gouvernement et le Parlement peut changer la répartition des crédits entre programmes à l'intérieur d'une mission proposée par le Gouvernement.

La Nouvelle Architecture Budgétaire

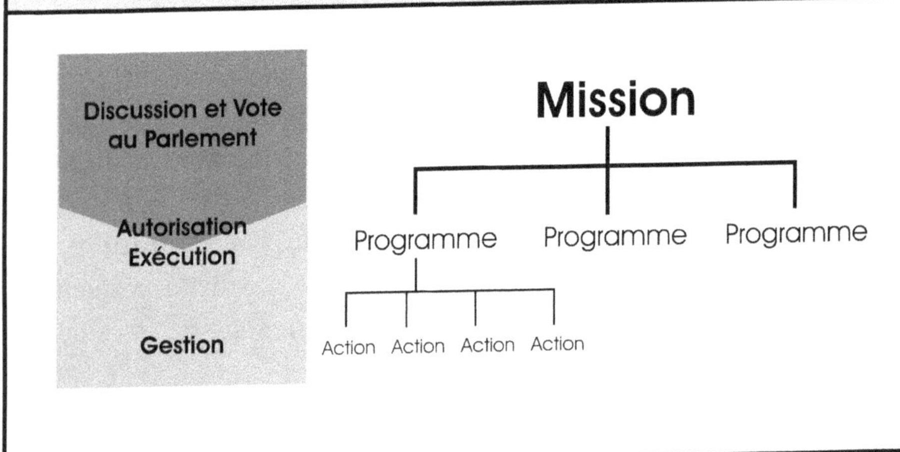

• Les programmes qui regroupent les crédits, quelle que soit leur nature, sont destinés à mettre un ensemble cohérent d'actions. Environ 130 programmes déterminent les responsabilités d'application des politiques alors que chaque programme correspond à un ensemble d'actions homogènes dont se charge un responsable ministériel appelé *« responsable de programme »*.

Le responsable reçoit les crédits globaux qui lui permettent de réaliser les objectifs arrêtés. De ce fait, le programme est considéré comme l'unité de spécialisation des crédits et détermine, sous forme d'enveloppe, les crédits limitatifs.

• Les actions, environ 600 actions qui montrent clairement les finalités de programme et donnent des informations sur la fin des crédits alloués au programme.

Tous les services administratifs en France, en 2006, ont adhéré au mode de la loi organique des finances de 2001. La stratégie, les objectifs et les indicateurs sont déterminés au niveau de chaque programme qui possède un « responsable de programme ». Ce dernier jouit d'une flexibilité dans la gestion de son budget en fonction des objectifs définis.

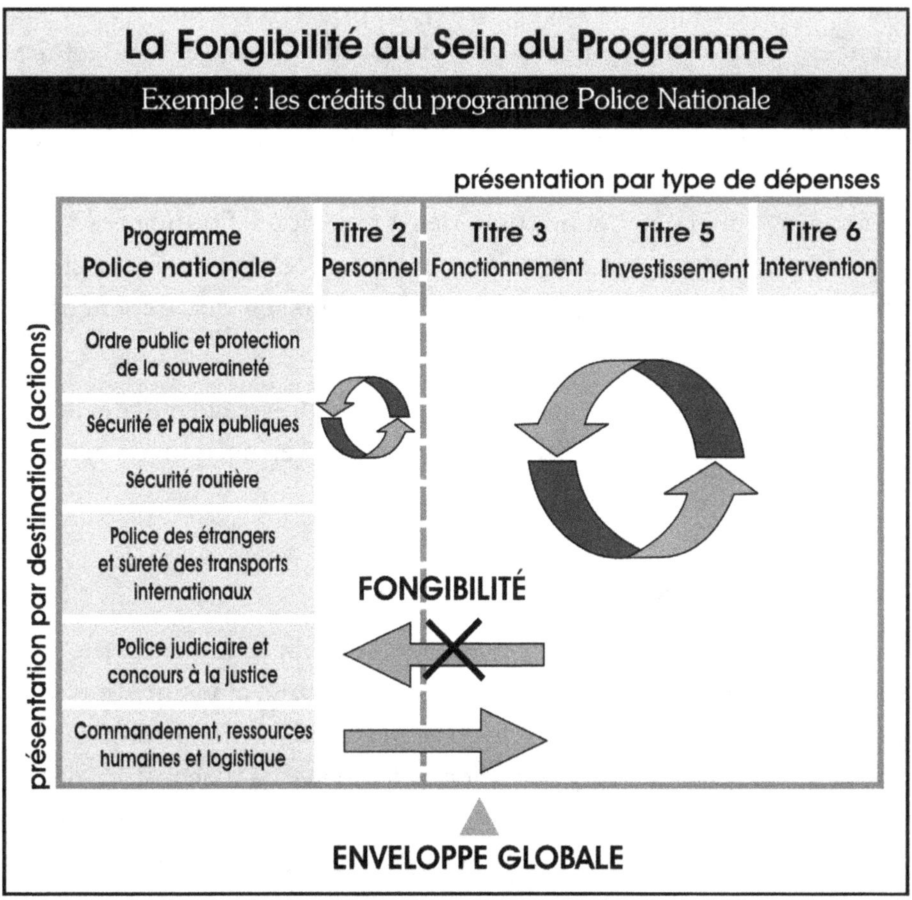

Par ailleurs, la comptabilité publique est ainsi élevée au niveau d'une loi organique des finances de 2001. A côté de la comptabilité budgétaire en caisse, le système budgétaire et comptable français introduit une comptabilité d'exercice ou en droits constatés, pour favoriser la transparence de la situation financière de l'Etat.

3. Implications sur la présentation budgétaire

Partant du projet du budget pour l'année 2010, nous tenterons de montrer comment les propositions, formulées dans le cadre de cette réflexion au sujet de la nouvelle loi organique des finances au Maroc, peuvent être traduites au niveau de la présentation budgétaire. Il s'agit des questions relatives à (i) l'aménagement du tableau d'équilibre financier intégré au niveau de la loi de finances pour qu'il puisse faire ressortir le solde budgétaire global, (ii) l'actualisation de la loi de finances de l'année sous forme d'un tableau de bord, faute de présentation des lois de finances rectificatives et pour des raisons d'économie de temps et d'efforts et (iii) la consolidation des opérations financières, une façon de nettoyer les dépenses et les recettes des transferts internes qui gonflent artificiellement les masses des dépenses et des recettes publiques.

Ces éléments sont nécessaires, avec ou sans réforme de la loi organique des finances, du moment qu'ils permettent de renforcer la transparence budgétaire.

3.1. Tableau d'équilibre financier

Sur un plan formel, le tableau d'équilibre financier a été présenté, pour 2009 et pour 2010, sous une classification par support budgétaire. Cela constitue le début d'une présentation qui ferait apparaître explicitement, à terme, à l'occasion de la réforme de la loi organique, la notion du déficit (-)/excédent (+) budgétaire global que l'actuel tableau d'équilibre financier (tableau A) ne permet pas de faire ressortir. Ce tableau fait montrer un excédent des charges sur les ressources de l'ordre de 12,9 milliards de dirhams, ce qui est complètement différent du déficit budgétaire global qui est de l'ordre de 31,5 milliards de dirhams (voir tableau analytique 1.2).

Tableau 1.1. Tableau A, Titre III, dispositions relatives à l'équilibre des ressources et des charges de l'Etat (Projet de loi de finances pour l'année 2010)

I- Ressources de l'Etat	Ressources
- Ressources du budget général	**216,1**
- Impôts directs et taxes assimilées	65,4
- Impôts indirects	60,9
- Droits de douane	12,0
- Droits d'enregistrement et de timbre	11,7
- Produits de cessions de participations financières de l'Etat	4,0
-Produits de monopoles, d'exploitations et des participations financières de l'Etat	9,3
- Produits et revenus des domaines	0,3
- Recettes diverses	2,2
- Recettes d'emprunts, dons et legs	50,2
- Ressources des services de l'Etat gérés de manière autonome	**2,3**
- Ressources des comptes spéciaux du Trésor	**45,7**
Total des ressources de l'Etat	**264,1**
II- Charges de l'Etat	
- Dépenses de fonctionnement du budget général	**136,9**
- Dépenses de personnel	80,5
- Dépenses de matériels et dépenses diverses	27,2
- Charges communes	26,6
- Dépenses imprévues et dotations provisionnelles	2,6
- Dépenses en intérêts et commissions se rapportant à la dette publique	**17,9**
- Dépenses relatives aux amortissements de la dette à moyen et long termes	**20,4**
- Dépenses d'exploitation des services de l'Etat gérées de manière autonome	**1,8**
- Dépenses d'investissement du budget général	**53,8**
- Dépenses d'investissement des SEGMA	**0,5**
- Dépenses des comptes spéciaux du Trésor	**45,8**
Total des charges de l'Etat	**277,0**
III –Excédent des charges sur les ressources (II-I)	**12,9**

Au niveau du tableau d'équilibre financier ci-dessus, les ressources du budget général de l'Etat, dont le montant équivaudrait à 216,1 milliards de dirhams, comprennent les ressources d'emprunts, dons et legs pour un montant de 50,2 milliards de dirhams qui sont des ressources à caractère temporaire ou provisoire. Les charges comprennent les dépenses relatives aux amortissements de la dette à moyen et long termes de l'équivalent de 20,4 milliards de dirhams qu'il faudrait reclasser en bas de la ligne comme un financement, conformément aux standards internationaux.

En effet, les charges de la dette sont considérées selon cette présentation comme des dépenses, alors que seuls les intérêts et les commissions peuvent être considérés comme des dépenses effectives. En outre, si l'amortissement constitue bien une charge pour le Trésor, il ne peut être assimilé à une dépense (en haut de la ligne) puisqu'il ne correspond pas à l'acquisition de biens ou à la rémunération de services. Il doit être rapproché aux emprunts nouveaux (les tirages) et analysé au niveau du financement (en bas de la ligne) dont il constitue une des composantes.

En ce qui concerne les recettes de privatisation (4 milliards de dirhams prévus au titre du projet de loi de finances pour l'année 2010), elles sont considérées, dans le tableau d'équilibre financier, comme étant des recettes. Dans le tableau 1.2, nous les gardons en tant que telles.

Pour ces diverses raisons, nous avons retraité toutes les rubriques du projet de loi de finances pour l'année 2010 en vue de respecter les considérations analytiques soulevées à partir d'une présentation, sous forme de tableau d'équilibre financier qui répond à un souci purement budgétaire (tableau « A », titre III dudit projet). Nous élaborons, ci-après, un tableau analytique, assorti de quelques indicateurs, qui montre que le déficit budgétaire global pour 2010 est de l'ordre de 31,5 milliards de dirhams. Ce déficit budgétaire global est calculé en considérant le montant de l'investissement sur une « base d'émission » et en tenant compte des reports d'investissement de l'équivalent de 12,8 milliards de dirhams entre 2009 et 2010.

Tableau 1.2. Recettes et dépenses budgétaires en 2009 et en 2010 en MMDH et en %

Hors TVA des collectivités locales	Budget 2009	Budget 2010	Evolution En %	Ecarts en MMDH
Recettes ordinaires	**180,4**	**169,1**	**-6,3%**	**-11,3**
Recettes fiscales	**159,8**	**148,6**	**-7,0%**	**-11,2**
IS	42,7	39,3	-8,0%	-3,4
IR	28,9	25,3	-12,8%	-3,7
TVA globale	44,3	41,5	**-6,2%**	**-2,8**
TIC	18,4	19,4	5,8%	1,1
Droit de douane	11,8	10,5	-10,9%	-1,3
Enregistrement et timbre	11,3	10,1	-10,4%	-1,2
Recettes non fiscales	**17,6**	**17,3**	**-1,8%**	**-0,3**
Monopoles	9,9	9,2	-7,4%	-0,7
Autres recettes	4,7	4,1	-12,3%	-0,6
Privatisation	3,0	4,0	33,3%	1,0
Recettes de certains CST	**3,0**	**3,2**	**6,7%**	**0,2**
Fonds de soutien des prix	1,0	1,0	0,0%	0,0
Fonds spécial routier	2,0	2,2	10,0%	0,2
Dépenses globales	202,0	200,6	-0,7%	-1,4
Dépenses ordinaires	**165,8**	**157,4**	**-5,0%**	**-8,4**
Personnel	75,6	80,5	6,6%	4,9
Autres biens et services	42,4	43,4	2,4%	0,9
Dette publique	**18,9**	**18,5**	**-2,2%**	**-0,4**
Compensation*	**28,9**	**15,0**	**-48,1%**	**-13,9**
Dont fonds de soutien des prix	**1,0**	**1,0**	**0,0%**	**0,0**
Investissement**	**38,2**	**45,1**	**18,1%**	**6,9**
Dont fonds spécial routier	**2,0**	**2,2**	**10,0%**	**0,2**
Déficit (-)/excédent (+) global	**-21,6**	**-31,5**		
Besoin de financement	**+21,6**	**+31,5**		
Indicateurs en % du PIB (base 1998)				
Recettes ordinaires	**24,0%**	**21,2%**		
Recettes fiscales	**21,6%**	**19,0%**		
Recettes non fiscales	**2,4%**	**2,2%**		
Dépenses ordinaires	**22,4%**	**20,1%**		
Personnel	10,2%	10,3%		
Compensation*	3,8%	1,8%		
Investissement**	**4,9%**	**5,5%**		
Solde budgétaire ordinaire	**2,0%**	**1,5%**		
Solde budgétaire primaire	**-1,0%**	**-1,7%**		
Déficit budgétaire global	**-2,9%**	**-4,0%**		

De ce fait, il est prévu, au titre du projet du budget pour l'année 2010, que le déficit budgétaire global serait limité à 4,0% du PIB (y compris 4 milliards de dirhams au titre des recettes de privatisation) contre 2,9% du PIB en loi de finances pour l'année 2009 (y compris 3 milliards de dirhams au titre des recettes de privatisation).

L'équilibre réel de la loi de finances pourrait être affecté en exécution par plusieurs éléments que nous avons pu identifier. Entre autres, (i) la prudence, généralement observée lors de l'établissement des prévisions des projets de loi de finances, (ii) le changement dans le scénario de base ayant sous-tendu l'élaboration du projet de loi de finances et l'impact de l'environnement international sur l'économie marocaine, (iii) le caractère erratique de l'évolution de certaines variables financières et, (iv) les possibilités qu'offre la loi organique des finances relative aux lois de finances au Gouvernement pour modifier les crédits budgétaires initiaux. Parmi ces possibilités, il y a la non utilisation de la totalité des postes budgétaires créés par la loi de finances de l'année.

3.2. Actualisation du budget

Le cadre macroéconomique du projet du budget pour l'année 2010 retient comme hypothèses : un taux de croissance économique de 3,5%, un taux d'inflation de 2%, un prix du baril de 75$ et un déficit budgétaire global de 4% du PIB. Hypothèses qui servent à la prévision des recettes, des dépenses et de financement. Leur examen, en liaison avec les prévisions des différents items entre 2009 et 2010, appelle quelques remarques quant à leur degré de cohérence.

Il faut souligner que les prévisions budgétaires des différents items de recettes, de dépenses et de financement dépendent du degré d'efficacité des outils de prévisions et de modélisation utilisés à cette fin, en liaison avec le caractère erratique de l'évolution de certaines variables financières, essentiellement les dépenses de compensation, les recettes de monopole et celles encaissées au titre des privatisations.

Sur le plan du cadrage macroéconomique, le projet du budget pour l'année 2010 est bâti sur une hypothèse d'un taux de croissance du PIB de 3,5% en considérant une campagne agricole moyenne. A ce niveau, il y a lieu de signaler la différence entre le taux de croissance économique prévu par le Ministère de l'Economie et des Finances qui est de 3,5% et celui du Haut Commissariat au Plan dans son budget économique exploratoire de 2009 qui est de 2,4% pour l'année 2010. Le dernier taux n'a pas encore intégré les effets de mesures décidées dans le cadre du projet de budget 2010 sur la croissance économique. Le taux de 2,4% devrait être alors révisé à la hausse à l'occasion de l'élaboration du second budget exploratoire de janvier 2010 pour tenir compte des effets de ces mesures. Outre les considérations politiques, partant d'une mauvaise saison agricole qui s'annonce et d'une demande étrangère négative, il est fort probable que ce taux se situera au alentour de 3,0%.

D'un autre côté, l'examen des taux de croissance économique sur plusieurs années montre que les réalisations étaient en deca des prévisions. En plus, le taux de croissance économique moyen a légèrement dépassé les 5% et le taux de croissance tendanciel n'a jamais dépassé les 4% en moyenne annuelle.

En matière d'inflation, le projet du budget pour l'année 2010 table sur un taux d'inflation ne dépassant pas 2%. A ce niveau aussi, nous soulignons que des pressions importantes se feront exercer sur le taux d'inflation, sous l'effet du soutien de la demande intérieure et l'effet de l'augmentation de la masse monétaire en 2010, en inscrivant la politique budgétaire sur une trajectoire expansionniste.

Tableau 1.3. Taux de croissance économique et taux d'inflation, prévus et réalisés 2006 -2010

	2006	2007	2008	2009	2010
Taux de croissance économique en %					
Prévisions	8,1%	3,0%	6,1%	6,7%	3,5%
Réalisations	7,8%	2,7%	5,6%	5,0%	---
Taux d'inflation en %					
Prévisions	2,8%	1,5%	3,0%	2,0%	2,0%
Réalisations	1,5%	3,8%	3,9%	2,0%	---

Source : Haut Commissariat au Plan

Sur le plan du cadrage fiscal et budgétaire, nous constatons que les recettes fiscales, notamment les recettes des impôts directs, ne sont pas reliées à la croissance du PIB non agricole. Au contraire, le projet du budget 2010 prévoit leur diminution de 9,5% par rapport aux prévisions de 2009. De même, l'évolution des recettes des impôts indirects n'est pas cadrée par l'évolution de la consommation des ménages mais baisserait de 2,7% entre les deux années. Ces baisses de recettes fiscales s'expliquent par l'étroitesse de la base imposable, en particulier la réduction des taux nominaux de l'impôt sur le revenu et de l'impôt sur les sociétés.

Une révision, des hypothèses de la croissance économique, de la balance des paiements, du taux de change, du prix du baril de pétrole en 2010, nécessiterait une actualisation des crédits de recettes, de dépenses et de financements prévus initialement dans le cadre du budget pour l'année 2010. Par exemple, l'actualisation officieuse élaborée pour le budget de l'année 2009 a fait ressortir un déficit budgétaire global de 2,7% du PIB au lieu de 2,9% prévu initialement.

Tableau 1.4. Actualisation du budget pour l'année 2009, en MMDH

Hors TVA des collectivités locales	Budget 2009	Actualisation du budget 2009
Recettes ordinaires	**180,4**	**168,3**
Recettes fiscales	**159,8**	**149,3**
IS	42,7	41,3
IR	28,9	27,8
TVA globale	44,3	38,8
TIC	18,4	18,4
Droit de douane	11,8	10,5
Enregistrement et timbre	11,3	10,2
Recettes non fiscales	**17,6**	**16,3**
Monopoles	9,9	10,3
Autres recettes	4,7	6,1
Privatisation	3,0	0,0
Recettes de certains CST	**3,0**	**2,8**
Fonds de soutien des prix	1,0	0,6
Fonds spécial routier	2,0	2,2
Dépenses globales	**202,0**	**188,2**
Dépenses ordinaires	**165,8**	**150,0**
Personnel	75,6	76,5
Autres biens et services	42,4	43,1
Dette publique	**18,9**	**18,4**
Compensation*	**28,9**	**12,0**
Dont fonds de soutien des prix	**1,0**	**0,6**
Investissement**	**38,2**	**43,3**
Dont fonds spécial routier	**2,0**	**2,2**
Déficit (-)/excédent (+) global	**-21,6**	**-19,9**
Besoin de financement	**+21,6**	**+19,9**

3.3. Consolidation des opérations budgétaires

D'après le département « *Statistique Canada* », la consolidation consiste à présenter des données financières pour plusieurs unités administratives comme si celles-ci n'en formaient qu'une seule.

Ainsi, des transferts internes existent entre les trois supports budgétaires (le Budget Général, les Services de l'Etat Gérés de Manière Autonome et les Comptes Spéciaux du Trésor) et affectent l'équilibre financier de l'Etat. Ces transferts internes courants ou sous forme de subventions engendrent, faute de consolidation financière (élimination des transferts croisés ou internes), un gonflement artificiel des masses en recettes et/ou en dépenses.

En matière des dépenses d'investissement, le projet du budget pour l'année 2010, retient une augmentation importante des dépenses d'investissement « *base d'émission* » du budget général de l'Etat de 18,1% entre la prévision de 2009 et le projet de loi de finances 2010. Exprimé en valeur, l'investissement du budget général atteindrait sur la base d'émission (moyennant un taux d'émission historique) en 2010 l'équivalent de 45,1 milliards de dirhams (y compris le fonds spécial routier) contre 38 milliards de dirhams en 2009 (y compris le fonds spécial routier) et 22 milliards de dirhams en moyenne annuelle inscrite en loi de finances antérieures.

Pris globalement, l'investissement public, annoncé au niveau de la note de présentation du projet du budget pour l'année 2010, serait de 162,6 MMDH. A ce niveau aussi, nous précisons que ce chiffre n'est pas nettoyé des opérations croisées existantes entre les divers supports budgétaires et les autres entités du secteur public qui, en cas de simple sommation des investissements respectifs, aboutit à un gonflement artificiel des dépenses d'investissement.

Ce montant doit être consolidé à travers la soustraction des autres opérations croisées entre les entités du secteur public (le Budget de l'Etat, les Entreprises et Etablissements Publics et les Collectivités Locales). Le calcul de l'investissement public consolidé devant être effectué, en principe, automatiquement à l'aide d'une application et d'un réseau informatique, comme c'est le cas en France.

Tableau 1.5. Investissement du budget général et investissement public consolidé en 2009 et 2010 en MMDH

	Année 2009	Année 2010
I- Dépenses d'investissement	**138,0**	**172,0**
- Budget général (sur une base d'émission)*	38,4	45,8
- Entreprises et établissements publics	84,9	111,0
- Comptes spéciaux du Trésor et SEGMA	5,7	5,7
- Collectivités locales	6,0	6,0
- Fonds Hassan II pour le Développement Economique et Social	3,0	3,5
II- Transferts internes	**19,4**	**20,7**
- du budget général vers les entreprises publiques	11,8	12,8
- du budget général vers les comptes spéciaux du Trésor	3,0	3,0
- des comptes spéciaux du Trésor vers les entreprises publiques	1,9	1,9
- du Fonds Hassan II vers les entreprises publiques	2,7	3,0
Investissement public consolidé (I) – (II)	**118,6**	**151,3**

* Y compris le Fonds Spécial Routier (FSR).

Plusieurs remarques se dégagent de l'examen du tableau ci-dessus. Premièrement, le montant des investissements du budget général doit être analysé sur une base d'émission. En effet, nous constatons que le taux d'émission des investissements des ministères ne dépasse pas globalement un taux de 70% et, dans certains départements ministériels, notamment les secteurs sociaux, les taux d'émissions ne dépassent pas 30%. Cela montre qu'il y a un écart entre les prévisions des investissements directs des ministères et leur exécution, ce qui se traduit par des reports des crédits d'investissements d'une année à l'autre. Cet indicateur révèle les problèmes de gestion des crédits budgétaires alloués aux Ministères.

Dans ce processus, la Trésorerie Générale du Royaume a fait preuve d'une grande efficacité du moment que les rejets en cascade étaient justifiés. D'un autre côté, nous remarquons que le chiffre des investissements des entreprises et établissements publics a connu une augmentation inexpliquée entre 2009 et 2010 passant ainsi de 84,9 milliards de dirhams à 111,0 milliards de dirhams. Enfin, si l'opération de consolidation est conduite comme le montre le tableau 1.5, le montant de l'investissement public consolidé ne devrait pas dépasser 151 milliards de dirhams en prévision.

RÉFÉRENCES BIBLIOGRAPHIQUES

Chambre des Conseillers, (2008), "*Draft au sujet de la réforme de la nouvelle loi organique des finances*", étude au profit du Bureau d'Analyse du Budget (BAB), en version arabe.

Karim M. (2008), "*La mise en oeuvre des réformes budgétaires orientées vers la performance : l'exemple du Maroc*", première session de la réunion des hauts responsables du budget de la région MENA, la budgétisation de la performance, Meeting organisé par l'OCDE, le 24 et 25 novembre au Caire, Egypte.

Karim M. (2008), "*Des angles pour une réforme de la loi organique des finances de 1998*", Journée d'étude sur les loi de finances et le contrôle Parlementaire, Chambre des Conseillers, le 17 octobre 2008 à l'hôtel Rihab, Rabat.

Ministère de l'Economie et des Finances, (1998), "*Loi n° 1 98 138 du 7 chaabane 1419 (26 novembre 1998) portant promulgation de loi organique n° 7-98 relative à la loi de finances*".

Ministère de l'Economie et des Finances, (1999), "*Décret n°2-98-401 du 9 moharrem 1420 (26 avril 1999) relatif à l'élaboration et à l'exécution des lois de finances*".

Ministère de l'Economie et des Finances, *loi de finances pour l'année 2010 et note de présentation du projet de loi de finances pour 2010*;

Ministère de l'Economie et des Finances, Morasses budgétaires, *le fonctionnement; les emplois et l'investissement pour 2010*;

Mordacq F. (2008) "*La mise en oeuvre des réformes budgétaires orientées vers la performance : l'exemple de la France*", première session de la réunion des hauts responsables du budget de la région MENA, la budgétisation de la performance, Meeting organisé par l'OCDE, le 24 et 25 novembre au Caire, Egypte.

Revue Française des Finances Publiques (2003), "*Une approche consolidée des données financières des collectivités locales est souhaitable et possible*", Paris, Economica.

Chapitre 2

Qualité des prévisions des opérations budgétaires. Une analyse quantitative

Selon la loi organique des finances relatives aux lois de finances de 1998, les crédits inscrits en loi de finances sont évaluatifs et les dépenses sont limitatives ; autrement dit, ces crédits constituent des plafonds à ne pas dépasser sauf dérogations accordées par les articles 41 à 46. Ladite loi stipule que les recettes sont enregistrées sur la base des encaissements / décaissements et les dépenses sur la base des ordonnancements. Il en résulte que les opérations budgétaires peuvent, en cours d'année, s'exécuter au delà de ce qui est prévu sans une nouvelle autorisation Parlementaire (sous forme de lois de finances rectificatives).

Plusieurs facteurs expliquent les écarts, par rapport aux prévisions initiales, qui peuvent être importants, quelques-uns étaient avancés dans le chapitre précédent. Parmi ces facteurs, il y a lieu de rappeler (i) la prudence observée lors de l'établissement des prévisions des projets de loi de finances parce que, généralement, la prévision de la recette tend à être minimale et celle de la dépense maximale, (ii) le changement dans le scénario de base ayant sous-tendu l'élaboration du projet du budget en liaison avec le caractère imprévisible de l'évolution de certaines variables financières et, (iii) les possibilités qu'offre la loi organique des finances de 1998, au Gouvernement, pour modifier les crédits budgétaires initiaux.

Souvent, le Ministère en charge des Finances évite de présenter des lois de finances rectificatives sous l'argument qu'il n'y a pas de changement majeur dans les scénarios de base qui ont sous-tendu l'élaboration des projets de loi de finances et, aussi, pour des raisons de souplesse dans la gestion budgétaire et d'économie de temps et d'efforts. Le Ministère en charge des Finances est plus outillé pour gérer ces dépassements. Ce dernier suit ces évolutions à l'aide des actualisations réalisées par la Direction du Trésor et des Finances Extérieures (DTFE) du Ministère en charge des Finances. Une validation est faite par toutes les directions du ministère dans le cadre d'un Comité de Conjoncture Financière (CCF) qui siège mensuellement à la DTFE. La Direction des Etudes et des Prévisions Financières (DEPF) a aussi développé des modèles de prévision à cette fin.

Cependant, si cette gestion s'attache à préserver l'équilibre financier et maintenir tel que prévu le solde budgétaire global, il n'en demeure pas moins que le profil initial du budget risque de connaître des changements parfois importants. La « dénaturation » du profil budgétaire de la loi de finances implique un changement implicite des choix budgétaires retenus par les politiques.

Il s'agit d'apprécier dans quelle mesure les prévisions budgétaires étaient bien formulées. A cet effet, le présent chapitre sera structuré comme suit : le premier point, présentera la méthodologie de l'analyse. Le second traitera de la qualité des prévisions des recettes ordinaires. Le troisième point examinera la qualité des prévisions des dépenses globales.

1. MÉTHODOLOGIE DE L'ANALYSE

Nous nous sommes posés la question d'apprécier dans quelle mesure les prévisions des opérations budgétaires de recettes et de dépenses, inscrites dans les lois de finances de plusieurs années, étaient bonnes. Pour répondre à cette interrogation, nous avons reclassé, dans un premier temps, les données chiffrées des lois de finances pour les années 2002, 2003, 2004, 2005, 2006, 2007 et 2008 suivant une classification économique et pour lesquelles nous disposons des réalisations. Ensuite, nous avons rapporté les réalisations aux prévisions et nous avons utilisé des indicateurs statistiques de tendance centrale et de dispersion, de coefficient de variation ainsi que de l'inférence statistique sur la moyenne.

A travers le test statistique de la moyenne, nous avons apprécié si les erreurs de prévision étaient significativement importantes ou significativement marginales. Ce test nous a permis d'apporter un jugement sur l'erreur de prévision moyenne durant les sept années (c'est le test de biais). Un autre test statistique sur la variance peut être utilisé pour apprécier si la prévision de chaque année était efficace (c'est le test d'efficacité).

Il est utile de rappeler qu'un aménagement du calendrier budgétaire a été introduit en 1995 en faisant passer le cycle budgétaire de janvier-décembre à juillet-juin. Néanmoins, à partir de l'année 2001, un retour à l'ancien système a été amorcé. Ce retour était justifié, notamment par les limites de l'appareil statistique qui ne permettaient de produire les données des comptes nationaux que sur une base annuelle.

2. QUALITÉ DES PRÉVISIONS DES RECETTES ORDINAIRES

Les recettes ordinaires sont constituées des recettes fiscales et non fiscales. Les recettes non fiscales sont très difficilement prévisibles car elles dépendent de diverses recettes comme les redevances de monopoles, les recettes du domaine de l'Etat, les autres recettes et les recettes de privatisation. L'évolution de ces recettes présente, par conséquent, un caractère souvent erratique. Contrairement aux recettes non fiscales, les recettes fiscales sont beaucoup mieux prévisibles car elles sont liées au comportement de l'activité économique.

2.1. Impôts directs

Depuis 2001, nous assistons à l'intégration à droit constant de certains impôts et taxes dans l'impôt sur les sociétés et dans l'impôt sur le revenu, la taxe sur les profits de placements à revenu fixe (TPPRF), la taxe sur les produits de cession des actions (TPCA), la taxe sur les profits immobiliers (TPI) et la taxe sur les produits de cession de valeurs mobilières (TPCVM).

2.1.1. Impôt sur les sociétés

Les recettes de l'IS sont parmi les recettes les plus difficiles à prévoir, même dans les économies développées. Les prévisions étaient systématiquement surestimées durant la période sous revue. Le taux de réalisation moyen est de 118%. Exprimé autrement, l'erreur moyenne de prévision en pourcentage est de 1,2% tandis que l'erreur moyenne de prévision en valeur avoisine 3 milliards de dirhams. Néanmoins, le test statistique, conduit pour cette erreur, montre qu'elle est significative (p-value égale à 3,6).

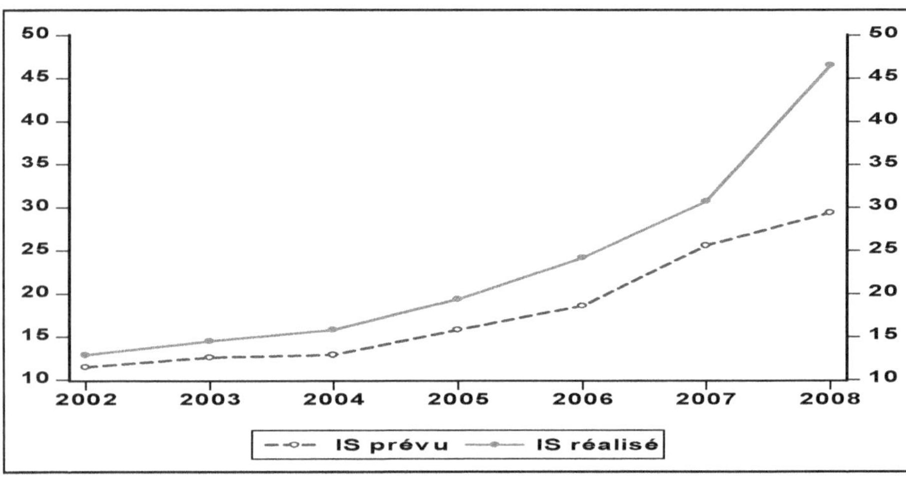

La réforme fiscale, les efforts de recouvrement et l'effet de l'activité économique peuvent être avancés comme facteur explicatif de réalisations plus importantes, surtout à partir de l'année 2004 où ces recettes dépassent largement les prévisions initiales.

2.1.2. Impôt sur le revenu

A la différence de l'impôt sur les sociétés, les prévisions des recettes de l'impôt sur le revenu étaient plus maîtrisées en raison surtout de la prédominance de revenus stables, notamment les revenus salariaux qui représentent en moyenne 70% du total de l'impôt sur le revenu. Les prévisions étaient systématiquement surestimées durant la période de l'analyse. Le taux de réalisation moyen est de 108,3%. Exprimé d'une autre façon, l'erreur moyenne de prévision en pourcentage est de 1,1% tandis que l'erreur moyenne de prévision en valeur est de 1,8 milliards de dirhams. Cependant, le test statistique conduit pour cette erreur montre qu'elle peut être considérée comme marginale (p-value égale à 1,7). La surestimation de l'IR durant ces dernières années est, en partie, le résultat de la surestimation des prévisions des dépenses de personnel décidées dans le cadre du dialogue social.

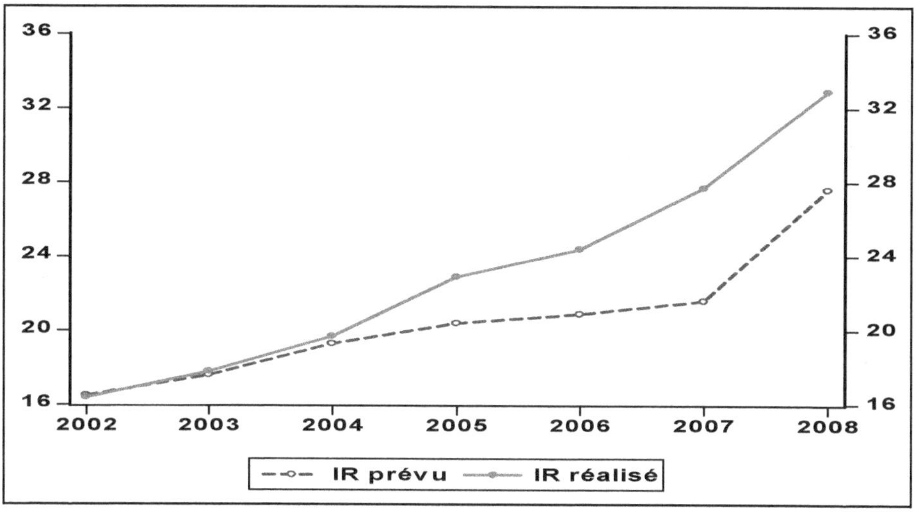

2.2. Impôts indirects

2.2.1. Taxe sur la Valeur Ajoutée

Les recettes de TVA ont été largement supérieures à celles prévues dans les lois de finances à l'exception des prévisions de la loi de finances pour l'année 2007. Ces dépassements des prévisions, au cours de la période sous revue, sont dus notamment à des bases taxables plus élargies que prévues et à l'importance des versements effectués par certains gros contributeurs comme la Caisse de Dépôt et de Gestion, Maroc Telecom et Bank Al-Maghrib.

Les prévisions étaient systématiquement surestimées durant la période sous revue. Le taux de réalisation moyen est de 109% et l'erreur moyenne de prévision en pourcentage est de 1,1% tandis que l'erreur moyenne de prévision en valeur est de 2,1 milliards de dirhams.

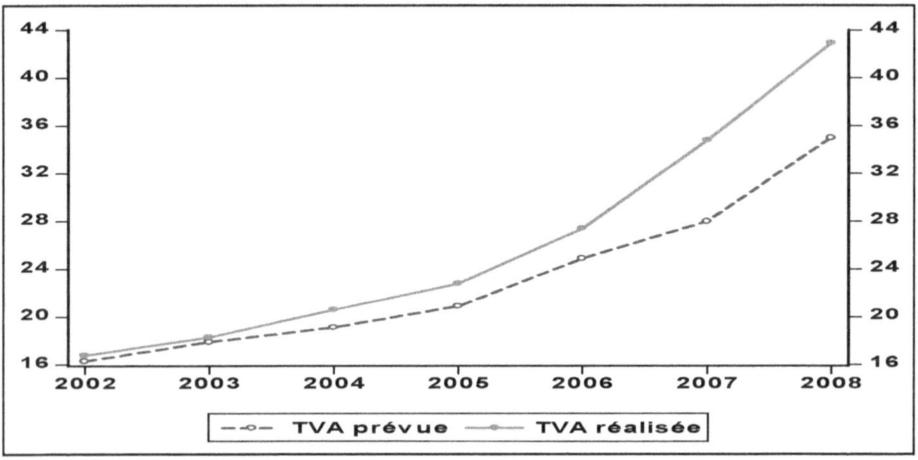

Néanmoins, le test statistique conduit pour cette erreur montre qu'elle risque d'être significative (p-value égale à 2,1). A cause des erreurs de prévisions de la TVA sur les importations, l'erreur moyenne de prévision de la TVA globale risque de devenir significative.

Les prévisions de la TVA à l'importation étaient surestimées durant la période d'analyse. Le taux de réalisation moyen est de 113%. Exprimé autrement, l'erreur moyenne de prévision en pourcentage est de 1,1% tandis que l'erreur moyenne de prévision en valeur est de 1,6 milliards de dirhams. Néanmoins, le test statistique conduit pour cette erreur montre qu'elle peut être considérée comme significative (p-value égale à 2,6).

En outre, les plus-values importantes peuvent s'expliquer par des évaluations non précises des exonérations accordées au titre de la TVA avant l'année 2006. En plus, l'absence d'une information détaillée des recettes et des bases taxables, par taux et par branche d'activité, rend difficile les prévisions des recettes de TVA, notamment à l'importation.

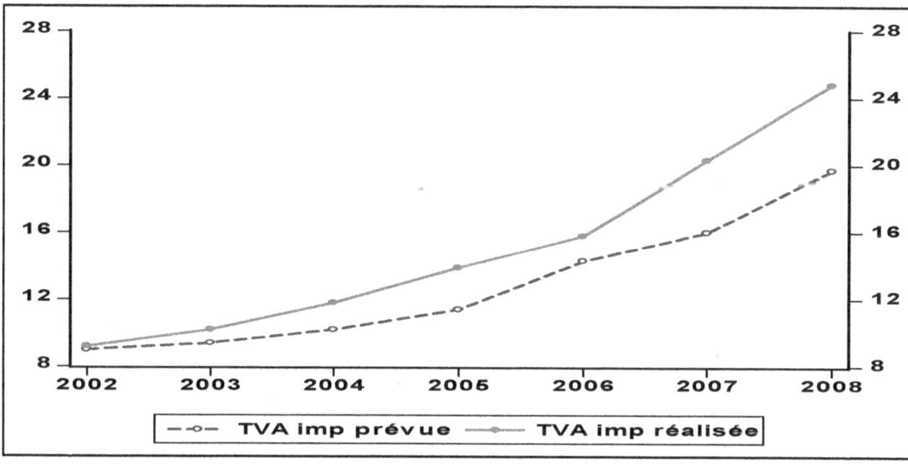

2.2.2. Taxes intérieures de consommation

Pour les taxes intérieures de consommation, les réalisations s'avèrent, en moyenne, conformes aux prévisions. Le taux de réalisation moyen est de 101,2%. Exprimé autrement, l'erreur moyenne de prévision en pourcentage est de 1% tandis que l'erreur moyenne de prévision en valeur est de 0,2 milliards de dirhams. En plus, le test statistique conduit pour cette erreur confirme qu'elle peut être considérée comme marginale (p-value égale à 0,7).

Avec la mise en place du système de la taxe intérieure de consommation sur les produits énergétiques à partir de 1995, en remplacement du prélèvement pétrolier, on assiste à une maîtrise des erreurs de prévision des taxes intérieures de consommation.

Concernant les produits énergétiques, les recettes générées par ces taxes sont, de par leur nature, inélastiques aux fluctuations des prix. Les fluctuations enregistrées d'une année à l'autre étaient tributaires des politiques de stockage et de déstockage pratiquées par les sociétés de distribution suite aux anticipations de hausse ou de baisse des prix à la pompe.

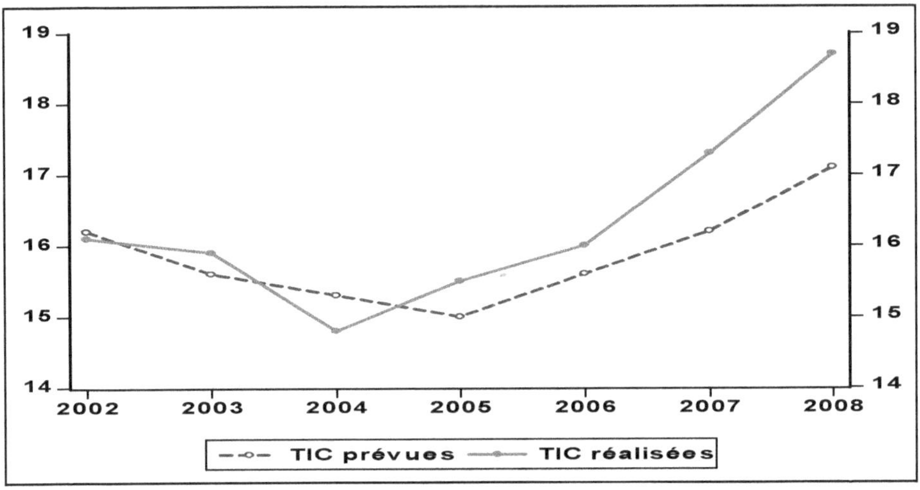

Pour ce qui est des tabacs, les recettes des taxes intérieures de consommation étaient inférieures à celles prévues dans les lois de finances se situant à 94,7% en 2004 et 91,7% en 2005. Ces deux années coïncident avec la soumission de la Régie des Tabacs au régime de TVA à la veille de sa privatisation. Globalement, ces écarts s'expliquent essentiellement par des évaluations approximatives du chiffre d'affaires prévisionnel de la Régie des Tabacs.

2.3. Droits de douane

Les droits de douane ont connu un taux de réalisation moyen de 107,2% ou une erreur moyenne de prévision en pourcentage est de 1,1% tandis que l'erreur moyenne de prévision en valeur est de 0,7 milliards de dirhams. Le test statistique conduit pour cette erreur montre qu'elle peut être considérée comme marginale (p-value égale à 1,1). Globalement, il convient de remarquer une bonne qualité des prévisions en moyenne des droits de douane malgré le passage à un stade avancé en matière du démantèlement tarifaire.

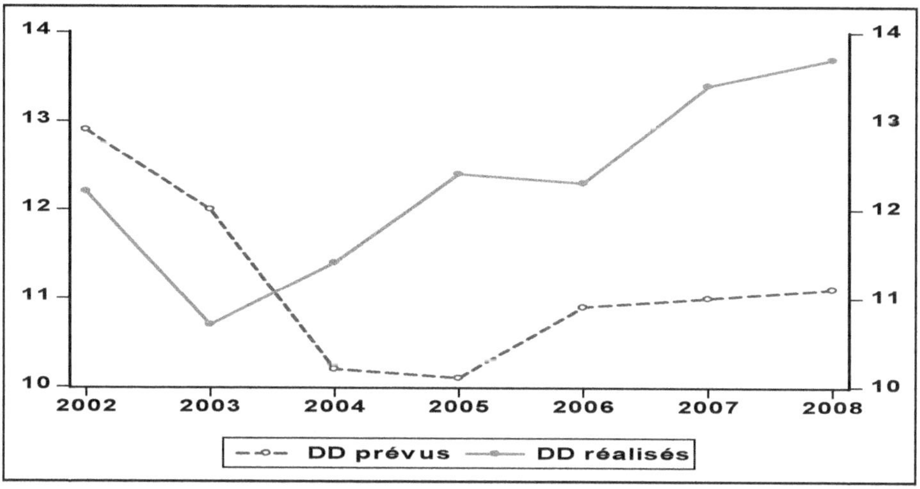

2.4. Droits d'enregistrement et de timbre

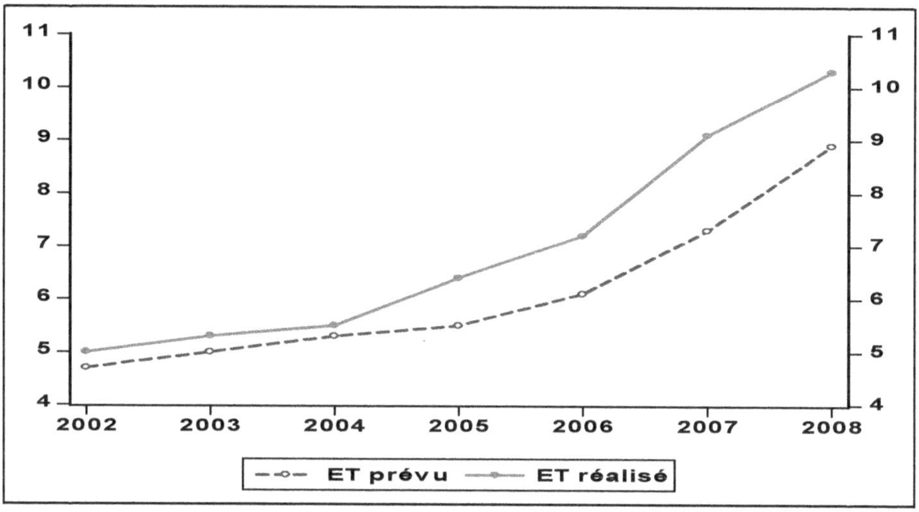

Les droits d'enregistrement et de timbre ont été plus élevés que les prévisions entre 2002 et 2008. Le taux de réalisation moyen est de 111,1%, l'erreur moyenne de prévision en pourcentage est de 1,1% et l'erreur moyenne de prévision en valeur est de 0,7 milliards de dirhams.

Néanmoins, le test statistique conduit pour cette erreur montre qu'elle peut être considérée comme significative (p-value égale à 2,4).

Il va sans dire que les mesures introduites ces dernières années ont permis d'améliorer le rendement de cet impôt. Ces mesures concernent l'application de nouveaux taux nominaux, l'augmentation du tarif des timbres, la révision de la Taxe Spéciale Annuelle Vignette Automobile (TSAVA).

2.5. Recettes non fiscales

Globalement, les recettes non fiscales présentent une évolution très erratique et difficilement prévisible. Leur taux de réalisation moyen est de 99% à l'exception des recettes de monopole.

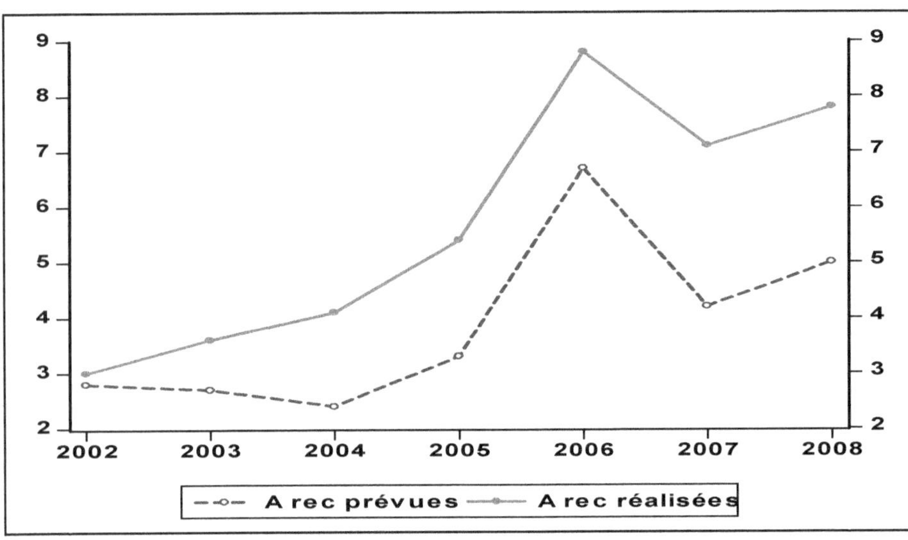

Le taux de réalisation moyen des autres recettes est de 142,3%. Exprimé autrement, l'erreur moyenne de prévision en pourcentage est de 1,5% tandis que l'erreur moyenne de prévision en valeur est de 1,5 milliards de dirhams. Cependant, le test statistique conduit pour cette erreur montre qu'elle est significative (p-value égale à 3,6).

Pour ce qui est des recettes de privatisation, le taux de réalisation moyen est de 54,6%. Exprimé d'une autre façon, l'erreur moyenne de prévision en pourcentage est de 0,5% tandis que l'erreur moyenne de prévision en valeur est de 4,6 milliards de dirhams. Néanmoins, le test statistique conduit pour cette erreur montre qu'elle peut être considérée comme significative (p value égale à 2,3).

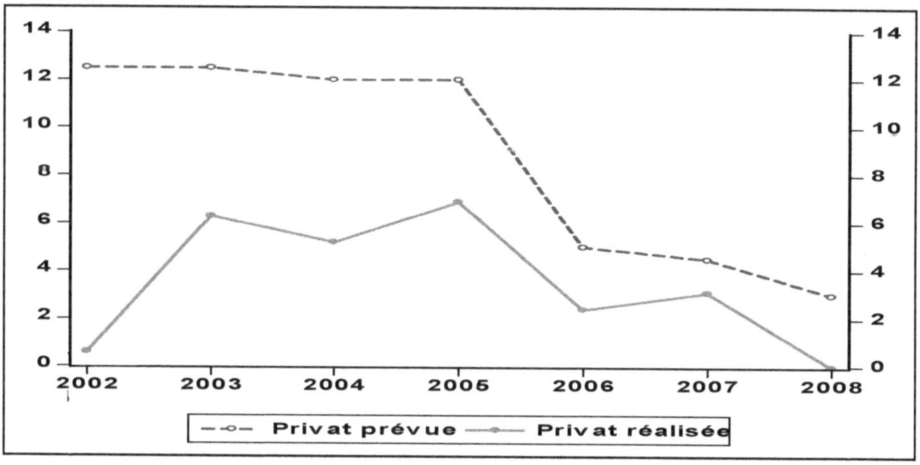

3. Qualité de prévision des dépenses globales

3.1. Salaires

Comparativement à d'autres types de dépenses, l'erreur de prévision des dépenses au titre des salaires a été caractérisée par une certaine précision. Le taux de réalisation moyen est de 101,3%, l'erreur moyenne de prévision en pourcentage est de 0,7% et l'erreur moyenne de prévision en valeur est de 0,8 milliards de dirhams. Enfin, le test statistique conduit pour cette erreur montre qu'elle est marginale (plus-value égale à 0,9).

Il est à souligner que la Direction du Budget du Ministère en charges des Finances suit les effectifs et maîtrise les répercussions budgétaires des avancements normaux d'échelles et d'échelons de tous les fonctionnaires de l'Etat.

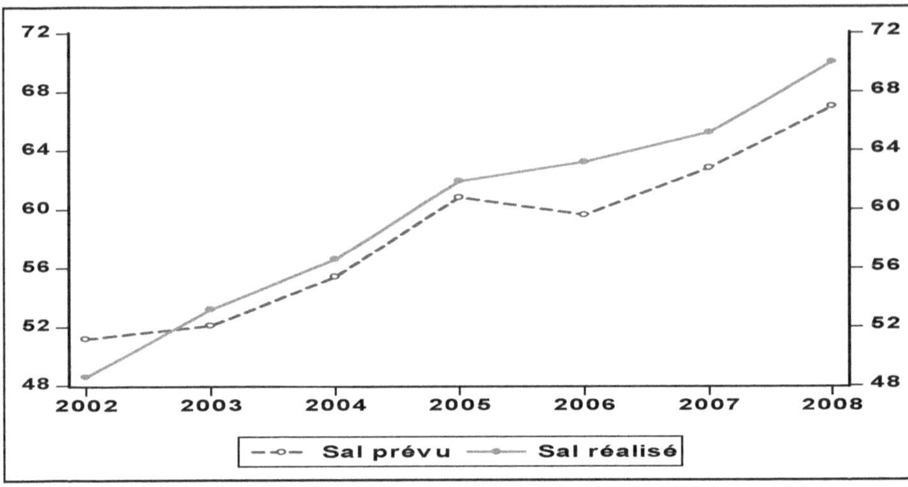

3.2. Autres biens et services

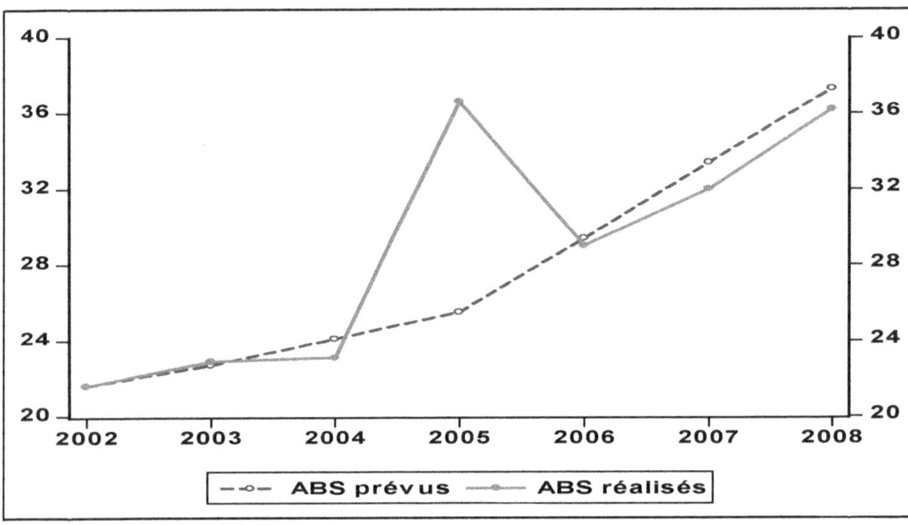

Les dépenses au titre des « autres biens et services », hors dépenses de compensation, ont enregistré un taux de réalisation moyen de 104,4%, une erreur moyenne de prévision en pourcentage de 0,5% et une erreur moyenne de prévision en valeur de 1,1 milliards de dirhams. Cependant, le test statistique conduit pour cette erreur montre qu'elle est marginale (plus-value égale à 0,6). Si les réalisations étaient presque conformes aux prévisions, en 2005 cependant, le taux de réalisation moyen était trop élevé et a atteint 143,6%.

En effet, l'année 2005 a connu le lancement de l'opération du départ volontaire à la retraite et la prise en charge des arriérés constituées à l'égard de la Caisse Marocaine des Retraites (CMR) pour un montant total de 22 milliards de dirhams. Hormis cette année, comme le montre le graphique ci-dessous, les dépassements étaient insignifiants.

3.3. Intérêts de la dette directe du Trésor

La volatilité des intérêts de la dette était faible parce que les remboursements en intérêts se faisaient sur la base d'un échéancier de remboursement de la dette.

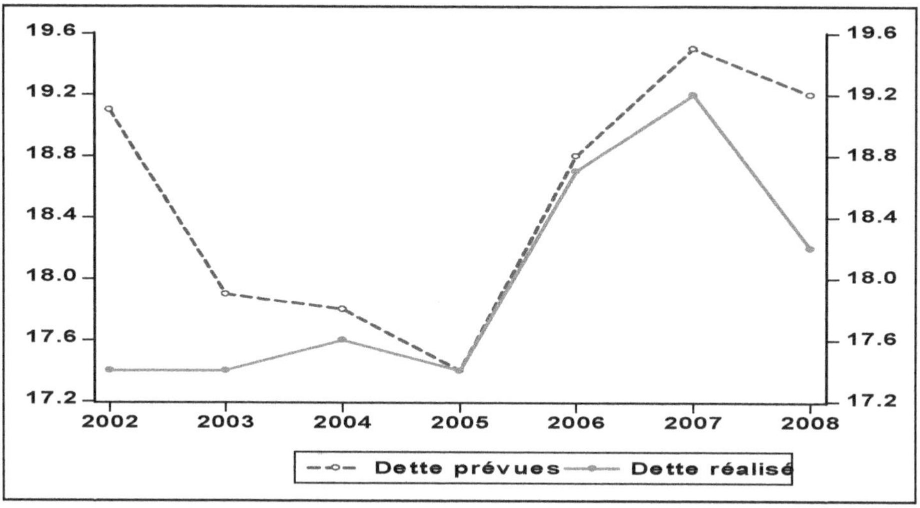

Le taux de réalisation moyen est de 97,6%, l'erreur moyenne de prévision en pourcentage est de 0,6% et celle en valeur est de 0,5 milliards de dirhams. Néanmoins, le test statistique appliqué pour cette erreur peut être considérée marginale (p-value égale à 1,9).

L'origine de ces écarts de prévision est liée plus à la dette extérieure qu'à la dette intérieure. En effet, le taux de réalisation moyen se rapportant aux intérêts de la dette extérieure est de 86,2% et le test statistique conduit pour cette erreur montre qu'elle est significative (p-value égale à 2,8).

3.4. Compensation des prix

Hors fonds de soutien des prix, les dépenses de compensation étaient très volatiles. Le taux de réalisation moyen est de 166,6% tandis que l'erreur moyenne de prévision en valeur est de 2,6 milliards de dirhams.

Le test statistique montre que l'erreur est significative (p-value égale à 2,9). La mauvaise qualité des prévisions des dépenses de compensation était amplifiée, à partir de 2004, suite aux évolutions que connaissaient les prix des produits alimentaires et pétroliers sur le marché international.

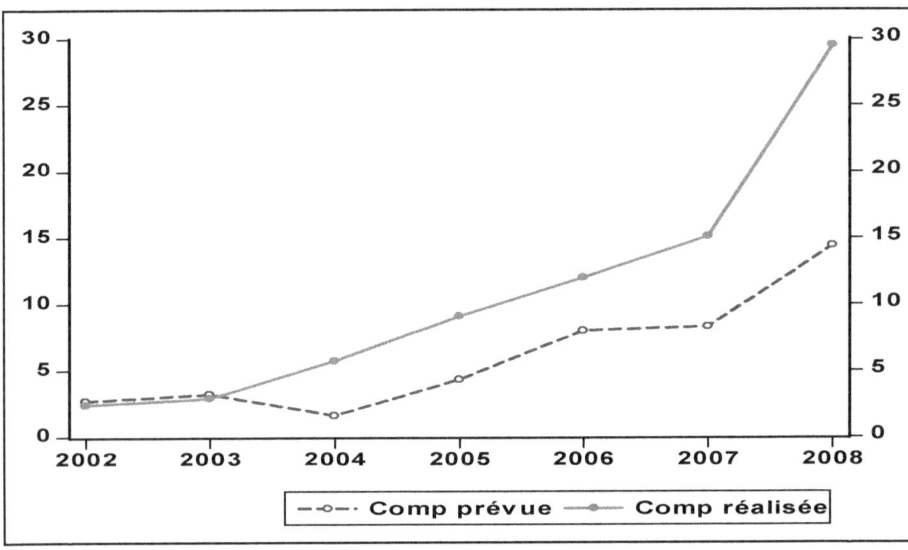

3.5. Investissement

L'erreur moyenne de prévision des dépenses d'investissement est devenue élevée à partir de 2004. Le taux de réalisation moyen est de 107,7% et l'erreur moyenne de prévision en pourcentage est de 0,5% tandis que l'erreur moyenne de prévision en valeur est de 1,4 milliards de dirhams.

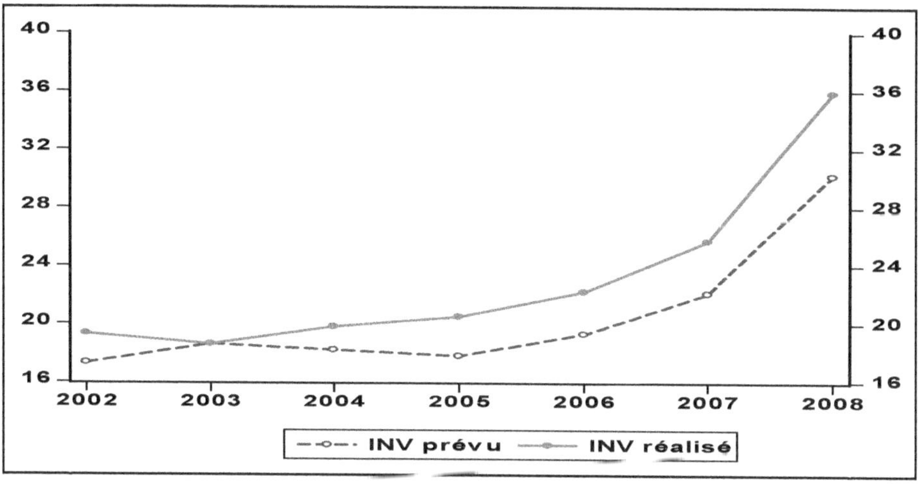

Néanmoins, le test statistique conduit pour cette erreur moyenne montre qu'elle peut être considérée comme marginale (p-value égale à 1,4). Les dépassements des enveloppes inscrites en loi de finances de près de 7,7% s'expliquent, entre autres, par la sous-estimation des crédits de report d'une année à l'autre.

Enfin, le déficit budgétaire global a connu une évolution erratique. Le taux de réalisation moyen est de 93% et l'erreur moyenne de prévision est de 1,6 milliards de dirhams. Néanmoins, le test statistique conduit pour cette erreur montre qu'elle est marginale (p-value égale à 0,4).

En définitive, l'analyse de l'exécution des lois de finances, entre 2002 et 2008, a permis de constater que du côté des recettes, les écarts entre les réalisations et les prévisions étaient importants pour l'impôt sur les sociétés, la TVA à l'importation, les droits d'enregistrement et de timbre, les autres recettes et les recettes de privatisation. Une bonne prévision était formulée pour l'impôt sur le revenu, les autres impôts directs, les taxes intérieures de consommation, la TVA à l'intérieure, les droits de douane et les redevances de monopole. Concernant les dépenses, les erreurs de prévision ont porté sur les intérêts de la dette extérieure et la compensation. En revanche, une prévision satisfaisante a été formulée pour les dépenses de personnel, les intérêts de la dette intérieure du Trésor et les dépenses d'investissement.

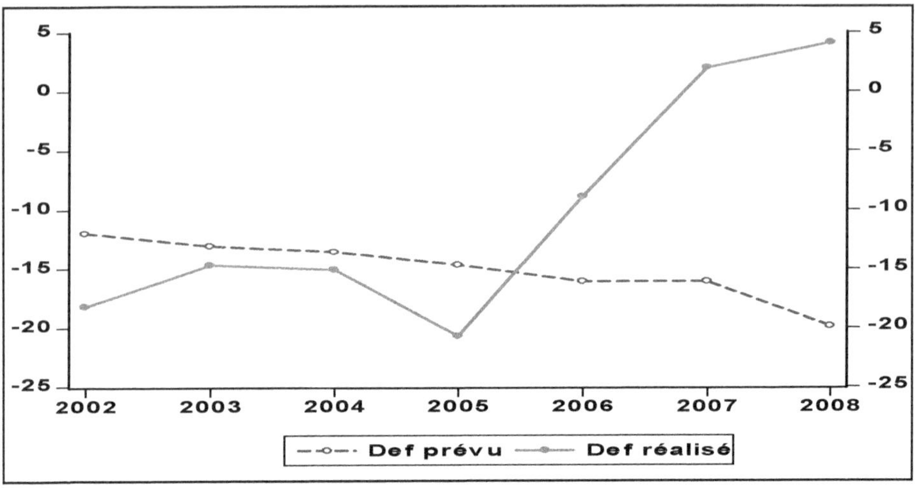

Il faut souligner que les erreurs de prévision ont été réduites progressivement avec le temps parce que les prévisions des lois de finances étaient élaborées en s'appuyant sur un cadrage global du budget.

En effet, le cadrage macroéconomique est réalisé par la Direction des Etudes et des Prévisions Financières (DEPF), le cadrage financier est fait par la Direction du Trésor et des Finances Extérieures (DTFE) et le cadrage fiscal et budgétaire est effectué respectivement par la Direction Générale des Impôts (DGI) et la Direction du Budget (DB) du Ministère en charge des Finances.

Aussi est-il que la mise en place d'un cadre de dépenses à moyen terme (CDMT), qui a sous tendu l'élaboration des quatre budgets pour les années 2007, 2008, 2009 et 2010 a amélioré la qualité des prévisions des opérations budgétaires.

Encadré 2.1

Différents cadrages d'un projet du budget

Le cadrage global d'un projet du budget consiste en des cadrages macro-économique, financier et budgétaire et il se déroule en quelques mois, en début d'année, au sein du Ministère des Finances.

Cadrage macroéconomique

Le cadrage macro-économique du projet du budget relève des missions de la Direction Etudes et des Prévisions Financières (DEPF) et de la Direction du Trésor et des Finances Extérieures. La DEPF est chargée d'élaborer des prévisions économiques du taux de croissance du PIB, du taux d'inflation, du solde du compte courant de la balance des paiements et du prix du baril du pétrole brut.... En outre, elle utilise des outils quantitatifs tels que la maquette de comptabilité sociale, les simulations de chocs de politique économique, notamment budgétaire et fiscale.

Cadrage financier

Le cadrage financier est effectué par la Direction du Trésor qui se charge de la gestion de la trésorerie et de la dette publique. De par ses attributions, cette direction détermine la capacité de financement du budget et participe à la détermination du déficit soutenable, en concertation avec la DEPF, et du taux d'endettement. La DTFE contribue à l'évaluation des ressources d'emprunt nécessaires au financement du déficit budgétaire et apprécie les conditions de mobilisation de fonds sur les marchés financiers nationaux et internationaux.

Cadrage budgétaire et fiscal

Le cadrage budgétaire et fiscal relève respectivement des missions de la Direction du Budget et de la Direction Générale des Impôts. La Direction du Budget assure le cadrage des dépenses. Elle détermine les montants globaux de dépenses par grandes masses (personnel, matériel et divers et investissement). Quant à la Direction Générale des Impôts, elle effectue le cadrage des recettes fiscales. En outre, d'autres prévisions de recettes sont validées par l'Administration des Douanes et des Impôts Indirects (ADII) pour ce qui est des droits de douane et la Direction des Etablissements Publics et de la Privatisation pour ce qui est des recettes de monopoles et de privatisation.

RÉFÉRENCES BIBLIOGRAPHIQUES

Direction du Budget, Ministère de l'Economie et des Finances, (2006), « *Guide Méthodologique sur le Cadre de Dépenses à Moyen Terme* ».

Direction des Etudes et des Prévisions Financières (DEPF), Ministère de l'Economie et des Finances, (2001), « N*ote relative à l'évaluation de la qualité des prévisions des recettes fiscales* », document de travail n°61.

Diverses interventions de Monsieur le Directeur Général des Impôts au sujet de la *réforme fiscale au Maroc.*

Karim M. (2006), « *Management des finances publiques au Maroc : Contexte actuel et évaluation* », 1ère édition 2006.

Karim M. (2002), «*Impact économique des corrections budgétaires : une analyse en équilibre général (MCEG) appliquée au Maroc*». Thèse de Doctorat en sciences économiques, Université Mohammed V – Agdal.

Lois de finances pour les années 2006, 2007, 2008 et 2009.

Notes de présentation des lois de finances pour les années 2006, 2007, 2008 et 2009.

Ministère des Finances et de la Privatisation, *états d'exécution comptable des recettes et des dépenses* pour 2008 et à fin mai 2009.

Rapports annuels de Bank Al-Maghrib entre 2001 et 2008.

Chapitre 3

Trajectoires budgétaires. Une évaluation quantitative

L'impératif de soutenabilité, à long terme, des finances publiques de tout pays plaide en faveur d'une stratégie d'ajustement budgétaire. Une telle stratégie doit reposer sur une maîtrise raisonnée et durable des dépenses publiques et sur l'optimisation des prélèvements fiscaux et non fiscaux.

Il est intéressant de savoir si ces ajustements au Maroc, de par le passé, étaient causés par les recettes, par les dépenses ou par les deux simultanément, en vue d'en tirer les enseignements nécessaires quant à l'enjeu de la politique budgétaire actuelle et future.

En plus, l'un des enjeux en matière des finances publiques marocaines consiste à élaborer une trajectoire pluriannuelle soutenable et à identifier les instruments propres à en assurer le respect. A cet effet, dans le cadre de la réforme de la programmation budgétaire, les autorités publiques ont mis en place en 2006, un Cadre de Dépenses à Moyen Terme (CDMT). C'est un cadre glissant sur trois ans qui a sous-tendu, pour la quatrième année consécutive, la préparation du projet de budget pour l'année 2010.

Ainsi, pour décliner les différents items du tableau des charges et des ressources du Trésor entre 2010 et 2012, nous avons choisi l'approche de «Holt et Winters»[2]. Cette approche est une extension sophistiquée de celle du lissage exponentiel. Si cette dernière méthode permet des prévisions dans un horizon infra-annuel

---

[2] Il faut noter que le modèle de lissage exponentiel, le modèle de Holt-Winters et les modèles autoregressifs sont des cas spéciaux des modèles dits ARIMA (autoregressive integrated moving average) développés par Box & Jenkins.

(comme les autres méthodes d'ailleurs), à l'inverse, la technique de Holt-Winters permet des prévisions à moyen terme.

Pour examiner ces divers aspects, le présent chapitre sera organisé comme suit : Le premier point donnera un bref aperçu sur le secteur des finances publiques. Le second présentera les tests de causalité entre les recettes et les dépenses budgétaires. Le troisième montrera l'intérêt du tableau des opérations financières du Trésor. Le quatrième abordera les raisons du choix de la technique de Holt-Winter. Le dernier point présentera les prévisions des opérations budgétaires entre 2010-2012 sous les deux scénarios envisagés.

1. BREF APERÇU SUR LE SECTEUR DES FINANCES PUBLIQUES

En 1983, en liaison avec les accords multilatéraux de redressement conclus avec les institutions de Bretton Woods et des Clubs de Paris et de Londres, une politique macro-économique a été définie et mise en œuvre. Son objectif était d'asseoir l'économie marocaine sur des bases plus saines.

Aujourd'hui, après plus de deux décennies d'application de cette politique, les résultats sont, dans l'ensemble, positifs et notamment les indicateurs des finances publiques, quoique avec un certain coût social : le déficit budgétaire global est ramené de plus 9% du PIB en 1983 à un excédent de 0,4% du PIB en 2008. En 2009, le déficit budgétaire global est de 2,2% du PIB.

L'examen des différentes catégories de dépenses sur la période 1983-2009 fait ressortir que les salaires ont absorbé presque 50% des recettes totales, suivies par les dépenses en intérêts de la dette du Trésor avec une part moyenne d'environ 30% et les dépenses au titre des « autres biens et services » d'environ 20%. Enfin, les dépenses de compensation (la part prise en charge par le budget général de l'Etat) ont absorbé 5% en moyenne des recettes totales.

Des efforts non négligeables ont été déployés pour réduire les dépenses de personnel, les dépenses au titre des «autres biens et services» et les dépenses liées à la compensation de certains produits de base et des produits pétroliers.

Tableau 3.1. Parts des différentes catégories de dépenses dans les recettes totales en %

	1983-1992	1993-2009	Moyenne
Salaires	48,4%	47,5%	49,3%
Autres biens et services	19,3%	19,1%	21,4%
Compensation	4,9%	4,0%	5,1%
Intérêts de la dette	27,6%	29,3%	29,1%

Source : Calculés par nous-mêmes

En somme, s'il est admis que les résultats requis en matière d'ajustement et de gestion budgétaire constituent un succès, il serait hâtif de parler de réussite totale dans la mesure où subsistent encore des interrogations auxquelles la politique budgétaire n'arrive toujours pas à trouver des solutions définitives. Les indicateurs budgétaires montrent que les difficultés ayant dominé les décennies écoulées n'ont pas entièrement disparu, et ce pour les raisons suivantes :

• La rigidité encore persistante des dépenses salariales en dépit du gain relatif de l'opération du départ volontaire à la retraite de 2005. Cette rigidité est due au fait que presque la moitié des recettes ordinaires sont utilisées pour le paiement des salaires.

Par ailleurs, une analyse en termes de coûts-bénéfices de l'opération de départ volontaire à la retraite permet de constater que le gain est estimé à 8,6 milliards de dirhams et serait dégagé entre 2005-2010. En effet, le coût financier global est estimé à 27,7 milliards de dirhams, ce montant prend en compte (i) le financement de cette opération par des bons de Trésor pour l'équivalent de 10,5 milliards de dirhams et les charges en intérêts de la dette intérieure qui en découle de l'ordre de 3,5 milliards de dirhams et (ii) la charge actuarielle pour le régime des pensions civiles (CMR) de près de 7,5 milliards de dirhams, estimée suite aux travaux de simulation effectués par la Direction du Budget et la CMR.

Alors que le gain financier est estimé à 36,3 milliards de dirhams, il faudrait 5 ans et 9 mois à partir de l'année 2005 pour récupérer la totalité des coûts financiers y compris les charges en intérêts. En net, il faut remarquer que l'opération du départ volontaire à la retraite a généré quelques économies de salaires.

Au total, l'ensemble des mesures ayant touché au personnel de l'Etat et l'effet de la revalorisation du PIB s'est traduits par une baisse de la masse salariale jusqu'à 10,3% du PIB en 2009 et, en prévision de 2010, il est attendu que la masse salariale atteigne 9% du PIB à moyen terme.

Tableau 3.2. Coûts-bénéfices estimés de l'opération du départ volontaire à la retraite de 38.551 fonctionnaires (avec un taux d'actualisation des flux de 5%) en MMDH

	2005
Gains financiers (3) = (1)+(2)	**36,3**
Gains au titre de la masse salariale (1)	35,0
Gain IR sur pension (2)	1,3
Coûts financiers (8) = (4)+(5)+(6)+(7)	**27,7**
Coût de l'indemnité de départ (4)	10,5
Perte de recettes au titre de l'IR (5)	6,2
Charges budgétaires budgétaire vers la CMR (6)	7,5
Charges en intérêts à payer sur les bons de Trésor (7)	3,5
Bénéfice net (9)=(3)-(8)	**8,6**

(1) Estimation de la Direction du budget (y compris les gains au titre de la part patronale et les allocations familiales) ;
7) Application du taux moyen pondéré à l'encours des bons du Trésor émis par voie d'adjudication et à la durée de vie moyenne de ces bons ;
(9) Etabli par nos soins.

• En matière de compensation des prix, une refonte du système actuel s'impose, aujourd'hui, avec acuité pour deux raisons essentielles : (i) sur le plan du principe, ce système s'est avéré inefficace parce qu'il profite à la fois aux pauvres et aux riches ; bien évidemment, les pauvres profitent moins de la compensation parce qu'ils dépensent moins, (ii) sur le plan financier, le démantèlement tarifaire implique des recettes en moins, voire nulles, à encaisser dans le compte d'affectation spécial «*compensation des prix de certains produits alimentaires*».

Rappelons que la compensation du sucre consiste en une subvention forfaitaire de 2000 DH/T de sucre vendu, servie aux sucreries raffineries correspondant à une charge annuelle de 2 milliards de dirhams. Pour la farine nationale, la subvention est accordée pour un contingent de 10 MQx instituée depuis 1998 de l'équivalent de 143,38 DH/Ql.

A moyen terme, les autorités publiques seront amenées à réduire de façon graduelle le poids des dépenses de compensation en faveur d'une politique de transferts ciblant mieux les segments les plus vulnérables de la population.

Après cette brève présentation du profil des finances publiques marocaines, nous nous proposons d'analyser dans la section qui suit le feedback ayant existé entre les décisions relatives aux recettes et aux dépenses sur la période 1970-2009. Cette analyse se prête à l'utilisation d'un modèle de coïntégration et à correction d'erreur.

2. Causalité entre les recettes et les dépenses empiriques

Plusieurs hypothèses seront testées, portant sur la période 1970-2009 : (*i*) une hypothèse relative à la causalité bidirectionnelle entre les recettes et les dépenses dite de «synchronisation budgétaire» qui suggère que les recettes et les dépenses se déterminent et s'ajustent conjointement, (*ii*) une hypothèse relative à la causalité unidirectionnelle des recettes vers les dépenses dite « recette-dépense » qui suggère que le niveau des dépenses actuelles est ajusté en fonction du niveau des recettes passées et (*iii*) une hypothèse de causalité toujours unidirectionnelle des dépenses vers les recettes dite « dépense-recette » qui suggère que le niveau des recettes actuelles est ajusté en fonction du niveau des dépenses passées.

Pour ce faire, les recettes et les dépenses sont exprimées en terme réel moyennant l'indice des prix à la consommation (base 100 en 1970). Ainsi, REC_t, DEP_t, SAL_t, ABS_t, COM_t et DET_t expriment respectivement, les recettes totales, les dépenses totales, les salaires, les dépenses au titre des «autres biens et services», les dépenses de compensation et les dépenses en intérêts de la dette du Trésor.

Notre analyse de cointégration et à correction d'erreur, à la suite de l'approche de Engele et Granger 3 (1987), se fait en deux temps.

2.1. Test de cointégration entre les recettes totales et les dépenses

Etape 1 : Test d'ordre d'intégration des variables

De façon générale, une condition nécessaire de cointégration est que les séries doivent être intégrées de même ordre.

A l'aide du test de Dickey-Fuller Augmenté (DFA)[4], nous concluons que l'ordre d'intégration des recettes et des dépenses est de 1. Les résultats du test sont regroupés dans le tableau suivant :

[3] Puisque nous ne disposons pas de séries assez longues (notre échantillon comprend 35 observations) nous nous sommes contentés d'utiliser la procédure en deux temps de Engele et Granger (1987) pour l'estimation de la relation de coïntégration et du modèle à correction d'erreur. Avec des séries plus longues (au moins 50 observations), la procédure de Johansen (multivariée) aurait été préférable. Voir sur ce point Katrakilidis C. P. (1997) qui a, en effet, utilisé une approche de cointégration multivariée à la Johansen.

[4] Pour les tests de racine unité, nous avons utilisé essentiellement le test ADF; voir Ugo Fasano et Qing Wang (2002). Les résultats peuvent, bien entendu, être confrontés avec les résultats du test de racine de type ERS de Elliot, Rothenberg et Stock (1996) ou de type KPSS de Kwiatkowski-Phillips- Schmidt-Shin.

Tableau 6.2. Ordre d'intégration des variables

REC_t	DEP_t	SAL_t	ABS_t	DET_t
I(1)	I(1)	I(1)	I(1)	I(1)

N.B. *la signification est testée à 10%, 5% ou 1% respectivement.*

Puisque REC_t › I(1), $DEP_t \rightarrow$ I(1) ; ceci dénote l'existence d'un risque de cointégration.

Etape 2 : Estimation de la relation de long terme (pour tester la stationnarité des résidus)

Du moment que les variables sont intégrées au même ordre, nous estimons par la méthode des moindres carrés ordinaires (MCO) la relation de long terme entre les dépenses totales et chaque catégorie de dépense (indicée par i) en liaison avec les recettes totales comme suit :

$$DEP_t^i = \alpha REC_t + \beta + \varepsilon_t \quad (1)$$

La stationnarité du résidu ε_t issu de la régression est vérifiée à l'aide du test de Ducky Fuller Augmenté (DFA), permettant d'accepter la relation de cointégration.

2.2. Estimation du modèle à correction d'erreur

La phase suivante est d'estimer les relations entre les variables à l'aide d'un modèle à correction d'erreur.

Etape 1 : Estimation par la méthode des MCO ordinaires de l'équation de long terme

Tableau 6.3. Résultats de l'estimation de l'équation structurelle

	DEP_t	SAL_t	ABS_t	DET_t
REC_t	0,69	0,40	0,14	0,16
	(10,96)	(13,30)	(7,56)	(4,59)
Constante	1196,13	1610,77	1211,80	1523,60
	(7,95)	(2,20)	(2,68)	(1,76)
R^2	0,85	0,89	0,73	0,50

N.B. Les coefficients de cointégration sont normalisés en DEP_t, SAL_t, ABS_t, DET_t, les valeurs entre parenthèses représentent la statistique de student.

Il ressort de l'analyse du tableau 6.3 que les dépenses totales, les salaires, les dépenses au titre des «autres biens et services» et les dépenses afférentes aux intérêts de la dette du Trésor entretiennent avec les recettes totales une relation positive structurelle et à un degré de liaison différent selon les variables.

Rappelons, pour ces variables retenues, que pour se maintenir sur une trajectoire d'équilibre structurel, à une augmentation des recettes totales de 1% correspond une augmentation des salaires de 0,5%. A une augmentation des recettes totales de 1%, correspond une augmentation des dépenses en intérêts de la dette du Trésor et les dépenses au titre des « autres biens et services » respectivement de 0,3% et de 0,1%.

Globalement, à une augmentation des recettes totales de 1% correspond une augmentation de 0,8% des dépenses totales. Ceci signifie qu'à partir d'une position d'équilibre à long terme, les dépenses totales et ses composantes augmentent moins vite que les recettes totales.

Par contre, les dépenses de compensation et d'investissement ne sont guère intégrées au même ordre que les autres variables, ce qui indique qu'il n'y a pas de risque de cointégration.

Etape 2 : Estimation par la méthode des MCO de la relation du modèle dynamique (court terme)

A ce niveau, on procède à la correction d'erreur par estimation du vecteur autorégressif (VAR) de la manière suivante :

$$\Delta DEP_t = \gamma_0 + \eta_0 \, \Delta DEP_{t-1} + \Phi_0 \, \Delta REC_{t-1} + \lambda_0 \, TCE_{t-1} + \xi_t \quad (2)$$

$$\Delta REC_t = \gamma_1 + \eta_1 \, \Delta DEP_{t-1} + \Phi_1 \, \Delta REC_{t-1} + \lambda_1 \, TCE_{t-1} + \rho_t \quad (3)$$

Dans ces deux équations γ, η, Φ et λ sont des coefficients et ξ et ρ sont des termes d'erreurs et le TCE_{t-1} est le terme de correction d'erreur retardé.

Pour identifier le sens de la causalité, on examine la statistique t relative à Φ_0 et λ_0 dans l'équation (2) et η_1 et λ_1 dans l'équation

(3); γ_t représente un déséquilibre résiduel de l'équation de cointégration spécifiée ci-dessus.

2.3. Résultats du modèle à correction d'erreur

Le modèle, tel qu'il est spécifié, laisse apparaître les résultats suivants : (i) une relation unidirectionnelle des recettes totales vers les dépenses totales (les recettes causent les dépenses), (ii) les recettes totales sont la cause des augmentations des salaires, des dépenses au titre des « autres biens et services » et des dépenses en intérêts de la dette du Trésor et (iii) rejet de la spécification modèle à correction d'erreur pour les dépenses d'investissements et des dépenses au titre de la compensation parce que ces deux variables ne sont pas intégrées au même ordre (leur ordre est différent de 1). D'ailleurs, leurs coefficients de corrélation ne sont pas significatifs.

Les résultats révèlent une relation de causalité unidirectionnelle des recettes vers les dépenses confirmant la validité pour le cas de notre pays de l'hypothèse « recette-dépense ». La confirmation de cette hypothèse unidirectionnelle signifie que les décisions de dépenses étaient prises en fonction des recettes ordinaires disponibles. Ceci s'explique par le fait que (*i*) les recettes, notamment les recettes de privatisation et les recettes exceptionnelles ont souvent ouvert de « l'appétit » à des dépenses notamment salariales, (*iii*) comme les dépenses sont dans leur majorité incompressibles, les dépenses, au titre de l'investissement et de la compensation, étaient souvent visées pour ajuster le budget et réduire le déficit budgétaire.

Ces résultats nous ont permis de confirmer notre intuition en ce que tout l'enjeu actuel de la politique budgétaire au Maroc consiste à élaborer une trajectoire pluriannuelle soutenable, et à identifier les instruments propres à en assurer le respect. C'est l'objet des exercices de programmation à moyen terme des dépenses publiques.

Dans le cadre du projet de refonte de la programmation budgétaire financé par la Banque mondiale et l'Union européenne, les autorités publiques viennent, en 2006, de mettre en place un cadre de dépenses à moyen terme (CDMT), un cadre glissant sur trois ans qui va sous-tendre la préparation du projet de loi de finances 2007.

Ainsi, ce cadre doit permettre (i) une meilleure programmation pluriannuelle des dépenses publiques au lieu que ces dépenses soient décidées en fonction de la disponibilité des recettes budgétaires, et (ii) un lissage dans le temps des dépenses constituant des passifs latents. L'objectif étant d'améliorer la visibilité budgétaire à moyen terme des mesures prises et pour faire face aux différents passifs latents qui tombaient subitement, il est prévu dans le cadre de la programmation pluriannuelle d'élaborer un Tableau des Opérations Financières du Trésor (TOFT) prévisionnel.

3. Intérêt du Tableau des Opérations Financières du Trésor

Il est utile de préciser d'abord que cette problématique s'inscrit dans le contexte de mise en place d'un cadre de dépenses à moyen terme (CDMT) qui a été décidé dans le programme de réforme de l'administration publique convenu avec la Banque Mondiale.

Il s'agit d'un instrument qui consiste en la projection, à moyen terme, du tableau des charges et ressources du Trésor où la partie des « *recettes ordinaires* » est évaluative et où celle des « *dépenses globales* » est limitative des dépenses de l'ensemble des départements ministériels.

Les agrégats du Tableau des Opérations Financières du Trésor portent notamment sur les principales catégories de recettes fiscales et non fiscales, la masse salariale, les dépenses courantes, les transferts aux établissements et aux entreprises publics, le service de la dette, les charges de compensation et les dépenses d'investissement.

Cependant, lors de la mise en place de cet instrument, le degré de détail dépend du type d'expérience dont disposait le pays concerné en matière de programmation des dépenses.

Encadré 3.1

Cadre de Dépenses à Moyen Terme

Le CDMT s'apparente à un processus qui vise la transformation de la budgétisation classique se limitant à un seul exercice en une démarche dans laquelle les effets à moyen terme des choix budgétaires passés, présents et futurs sont estimés pour un horizon temporel de trois ans et où cet horizon est repoussé chaque année d'une année. La première étant toujours celle qui correspond à la loi de finances en cours d'exécution.

Le point d'ancrage de cet instrument est une projection à moyen terme du tableau des charges et ressources du Trésor qui est, elle-même, subordonnée à la projection à moyen terme du cadre macroéconomique.

Dans sa version la plus large, le CDMT requiert une répartition détaillée des budgets de fonctionnement et d'investissement par programmes et par départements ministériels, où chaque département est censé garantir une gestion rationnelle de la contrainte budgétaire qui lui est associée dans l'objectif de renforcer la discipline budgétaire et d'optimiser l'allocation des ressources budgétaires à son profit suivant les choix stratégiques du Gouvernement.

Ce type de CDMT sert surtout à encadrer l'élaboration des lois de finances, tout en renseignant le public, à chaque fois, sur les principales orientations budgétaires du Gouvernement.

Le CDMT a été adopté dans certains pays pour faire valoir la discipline budgétaire et évaluer l'impact des grandes priorités stratégiques en matière de choix budgétaires. D'autres pays l'ont adopté pour qu'il constitue un exercice de simulation sans effets majeurs sur les choix budgétaires ultérieurs à l'exercice budgétaire en cours.

Cependant, l'expérience internationale a montré qu'un CDMT ne peut atteindre ses objectifs que lorsqu'il est investi de l'engagement des autorités gouvernementales. C'est pour cette raison que la Banque mondiale a vivement invité les autorités marocaines à intégrer, dans leur démarche, le caractère engageant de cet instrument qui deviendra, après une période d'essai, un document public accompagnant les autres documents budgétaires.

Pour décliner les différents items constitutifs de la situation des charges et ressources du Trésor, nous utiliserons la méthode de Holt-Winters.

4. Raisons du choix de la technique de Holt-Winters

Au niveau technique, la désaisonnalisation s'apparente à l'analyse de la variance : il s'agit de mesurer la variabilité associée à la tendance et au cycle (Lacroix, 2002).

Pour fixer les idées, supposons que la série brute Y_t se décompose selon un schéma multiplicatif classique, avec des données annuelles, de la façon suivante : $Y_t = T_t. C_t. I_t$ (où T_t représente la tendance, C_t est le cycle et I_t est la composante irrégulière).

La désaisonnalisation de la série consiste alors à estimer la composante inobservable C_t, puis à l'extraire de la série brute Y_t en vue d'obtenir la série corrigée des variations saisonnières, T_t. Pour ce faire, nous disposons de plusieurs filtres statistiques. Ces filtres linéaires s'appuient sur des moyennes mobiles qui constituent l'outil de base des méthodes de désaisonnalisation pour estimer les principales composantes de la série, la tendance et la saisonnalité.

Vu la spécificité de la problématique centrale de cette analyse, nous avons choisi pour la prévision des agrégats budgétaires entre 2010 et 2012, la méthode de «*Holt-Winters*»[5]. Cette méthode est une extension sophistiquée de l'approche du lissage exponentiel.

Si cette dernière permet des prévisions dans un horizon infra-annuel, comme les autres méthodes d'ailleurs, à l'inverse, la

---

[5] Il faut noter que le modèle de lissage exponentiel, le modèle de Holt-Winters et les modèles autoregressifs sont des cas spéciaux des modèles dits ARIMA (Autoregressive Integrated Moving Average) développés par Box & Jenkins.

technique de Holt- Winters permet d'étudier le trend à moyen terme. Sur ce point, cette technique présente un avantage certain.

Schématiquement, il s'agit d'une méthode d'extrapolation linéaire de la tendance qui dépend de deux paramètres. Le premier paramètre permet d'estimer le niveau de la tendance à l'instant initial de la prévision. Plus la valeur de ce paramètre est faible, plus le poids du passé est important dans l'estimation de ce niveau.

De la même façon, le deuxième paramètre permet d'estimer la pente de la tendance à l'instant initial de la prévision. Là encore, plus ce paramètre est faible, plus on accorde d'importance aux valeurs du passé de la pente de la tendance. C'est donc le prévisionniste qui décide en définitive de l'arbitrage à faire entre les informations les plus récentes et les évolutions antérieures. Dans le contexte marocain, nous avons choisi des coefficients moyens de l'ordre de 0,4.

Pour utiliser la méthode de Holt-Winters à n'importe quel instant t, nous devons réestimer le niveau de la série (la valeur lissée S_t) et la valeur de la tendance (T_t) à travers les deux équations suivantes :

$$S_t = U.(S_{t-1} + T_{t-1}) + (1-U).Y_t \quad \textbf{(1)}$$

$$T_t = V.T_{t-1} + (1-V).(S_t - S_{t-1}) \quad \textbf{(2)}$$

S_t : Valeur de la série lissée à l'instant t ;

St-1 : Valeur de la série lissée, déjà calculée, à l'instant t-1 ;

Tt : Valeur de la composante de la tendance calculée à l'instant t ;

Tt-1 : Valeur de la composante tendance, déjà calculée, à l'instant t-1 ;

Yt : Valeur de la série observée ou brute à l'instant t ;

U : Valeur de la constante de lissage avec $(0 < U < 1)$;

V : Valeur de la constante de lissage avec $(0 < V < 1)$.

L'utilisation de cette méthode pour la prévision suppose que tout mouvement de la tendance se poursuit dans le futur au-delà de la plus récente valeur lissée. Ainsi, pour prévoir j année, nous disposons de la formule suivante :

$$\hat{Y}_{n+j} = S_n + j(T_n) \quad \textbf{(3)}$$

Concernant, les items budgétaires agrégés, nous procédons par sommation des sous-composantes lissées. Par exemple, la TVA globale, théoriquement lissée, est la somme de la TVA à l'intérieur lissée et de la TVA à l'importation lissée.

5. Prévisions des items budgétaires entre 2010 et 2012

Deux principaux scénarios ont été envisagés. Le premier fournit une prévision des items budgétaires sous l'hypothèse d'un changement de la politique budgétaire. Ce scénario intègre, de plus, des changements identifiés de la politique budgétaire comme l'accroissement des dépenses d'investissement en valeur et la stabilisation des dépenses de compensation. Par contre, le second scénario reconduit la tendance passée caractérisé par un accroissement des recettes fiscales notamment au titre de la TVA et de l'impôt sur le revenu.

5.1. Scénario avec changement de la politique budgétaire

Dans un contexte de crise économique et financière internationale touchant presque dans la majorité des pays industrialisés, les plans de relance adoptés ont fait, de l'augmentation massive des dépenses publiques et/ou des réductions substantielles des impôts, un levier pour soutenir la demande intérieure et la croissance économique.

Les résultats du lissage à l'aide de la méthode de Holt-Winters pour la période 2010-2012, sont contenus dans le tableau 3.3 (les données sont exprimées en milliards de dirhams).

Tableau 3,3. Situation des charges et ressources du Trésor, hors 30% de TVA revenant aux collectivités locales (scénario 1)

	Prévision 2010	Prévision 2011	Prévision 2012
Recettes ordinaires	**165,9**	**172,3**	**180,6**
Recettes fiscales	**148,6**	**157,3**	**165,0**
Impôts directs	67,0	70,3	73,3
Droits de douane	10,5	11,1	11,4
Impôts indirects	61,0	65,9	70,6
Enregistrement et timbre	10,1	10,0	9,7
Recettes non fiscales	**17,3**	**15,0**	**15,7**
Monopoles	9,2	9,7	10,1
Autres recettes	4,1	4,3	4,6
Privatisation	4,0	1,0	1,0
Dépenses globales	**201,4**	**205,0**	**208,5**
Dépenses ordinaires	**154,8**	**157,1**	**159,4**
Biens et services	**122,9**	**125,8**	**128,9**
Personnel	80,5	82,9	85,0
Autres biens et services	42,4	42,8	43,9
Intérêts de la dette publique	**17,9**	**18,0**	**17,9**
Compensation des prix	**14,0**	**13,3**	**12,6**
Solde ordinaire	**11,1**	**15,2**	**21,2**
Investissement	**44,6**	**46,0**	**47,1**
Déficit (-)/Excédent (+) global	**-31,5**	**-28,7**	**-23,9**
Besoin (-)/Excédent (+) de financement	**+31,5**	**+28,7**	**+23,9**
Déficit/PIB avec privatisation	**-4,0%**	**-3,4%**	**-2,7%**
Déficit/PIB hors privatisation	**-4,5%**	**-3,6%**	**-2,9%**

Au Maroc, c'est exactement la même orientation, keynésienne ou néo-keynésienne, qui se dégage actuellement. En effet, une aggravation des dépenses de personnel et des dépenses d'investissement serait prévisible.

Du côté des recettes fiscales, nous nous attendons à une baisse importante des recettes des impôts directs, en particulier celles de l'impôt sur le revenu.

Tableau 3,4. Détail des recettes ordinaires

	Prévision 2010	Prévision 2011	Prévision 2012
Recettes fiscales	**148,6**	**157,3**	**165,0**
Impôts directs	**67,0**	**70,3**	**73,3**
Patente	0,0	0,0	0,0
I.S	39,3	41,3	43,3
I.R.	25,3	26,5	27,3
Droits de douane	**10,5**	**11,1**	**11,4**
Impôts indirects	**61,0**	**65,9**	**70,6**
TVA.	**41,5**	**44,5**	**47,8**
Intérieure	18,4	20,2	22,2
Importation	23,2	24,3	25,5
TIC	**19,4**	**21,4**	**22,8**
Tabacs	6,9	7,6	8,4
Produits énergétiques	11,2	12,3	12,9
Autres	1,3	1,4	1,5
Enregistrement et timbre	**10,1**	**10,0**	**9,7**
Recettes non fiscales	**17,3**	**15,0**	**15,7**
Monopoles	9,2	9,7	10,1
Autres recettes	4,1	4,3	4,6
Privatisation	4,0	1,0	1,0
Total	**165,9**	**172,3**	**180,6**

Ce scénario intègre, en plus des changements de la politique budgétaire comme l'accroissement des dépenses d'investissement équivalent à 5,9% du PIB et la stabilisation des dépenses de compensation à 1,8% du PIB entre 2010 et 2012.

Il ressort du tableau 3.3 que le budget d'investissement, sur une base d'émission, atteindrait 45,7 milliards de dirhams (y compris les crédits du compte spécial fonds spécial routier de 2,2 milliards de dirhams) et la masse salariale augmenterait jusqu'à 80,5 milliards de dirhams.

Dans le contexte de l'allègement de la pression fiscale directe à travers la baisse des taux d'imposition de l'impôt sur le revenu, il est prévisible que le niveau des recettes fiscales reviendrait au niveau juste du potentiel fiscal de l'économie.

De ce fait, la politique budgétaire en 2010 serait placée sur une trajectoire expansionniste puisque le déficit budgétaire atteindrait, pour la première fois depuis plusieurs années, environ 31,5 milliards de dirhams. Si cette orientation est rendue actuellement possible, c'est grâce à l'aisance de trésorerie et à l'amélioration du profil des finances publiques ces dernières années qui ont permis d'améliorer nettement la position budgétaire.

En définitive, avec un déficit budgétaire global prévisible de 4,0% du PIB, le Gouvernement relâcherait relativement la rigueur budgétaire comme c'est d'ailleurs le cas pour plusieurs Gouvernements au monde.

Dans le contexte de la crise économique et financière, rien ne contraint de respecter des niveaux de déficits budgétaires inférieurs à 3% du PIB retenus jusqu'à lors comme benchmark. Un déficit budgétaire élevé nécessite alors un financement du même montant par la dette intérieure ou extérieure et, peut être, par la constitution des arriérés de paiement.

Alors, s'il y a un recours au financement intérieur, cela exercerait certainement un effet d'éviction du secteur privé quant à la liquidité qui devrait lui revenir et, par conséquent, une pression à la hausse sur les taux d'intérêts courts, moyens et longs. De toutes les façons, il faudrait s'attendre à une augmentation des montants payés au titre des intérêts de la dette publique entre 2011 et 2012. Si par contre, il y a un recours au financement extérieur, les tirages exerceraient une appréciation du Dirham par rapport à l'Euro et au Dollar. Ceci implique qu'un dosage, des politiques économiques de court terme, est nécessaire.

Au niveau du secteur monétaire, la tache de Bank Al-Maghrib serait plus difficile en 2010 parce que cette institution doit mener une politique monétaire restrictive pour tirer profit des effets positifs d'une politique budgétaire accommodante, en plus d'une politique de change adéquate dans un contexte d'ouverture économique. Autrement, c'est la compétitivité globale de l'économie qui serait sacrifiée.

Au niveau du secteur des finances publiques, nous rappelons que l'administration fiscale rassure sur la stabilité des recettes fiscales avec l'existence de nouvelles niches fiscales toujours inexploitées. Néanmoins, si la recette est là, il faudrait que les ordonnateurs évitent les mauvaises dépenses.

Pour les années 2011 et 2012, le processus d'ajustement permettra de réaliser des déficits budgétaires globaux respectivement de 3,4% du PIB et de 2,7% du PIB. Pour les prochaines années, il est donc nécessaire de ramener le déficit budgétaire à des niveaux inférieurs à 3% du PIB.

5.2. Scénario sans changement de la politique budgétaire

Ce scénario reconduit les tendances passées caractérisées par une politique budgétaire de stabilisation. Il se dégage du tableau ci-dessous que le déficit budgétaire global se situerait à 2,7% du PIB en 2011 et à 1,8% du PIB en 2012.

Tableau 3,5. Situation des charges et ressources du Trésor, hors 30% de TVA revenant aux collectivités locales (scénario 2)

	Prévision 2010	Prévision 2011	Prévision 2012
Recettes ordinaires	**191,7**	**204,6**	**217,3**
Recettes fiscales	**176,0**	**188,8**	**201,2**
Impôts directs	88,1	97,1	107,4
Droits de douane	10,6	10,1	9,4
Impôts indirects	65,2	68,4	70,1
Enregistrement et timbre	12,1	13,2	14,3
Recettes non fiscales	**15,7**	**15,8**	**16,1**
Monopoles	10,3	10,9	11,1
Autres recettes	3,8	3,9	4,0
Privatisation	1,5	1,0	1,0
Dépenses globales	**220,1**	**230,2**	**236,6**
Dépenses ordinaires	**178,9**	**187,0**	**191,4**
Biens et services	**145,4**	**152,7**	**156,5**
Personnel	102,0	107,1	109,8
Autres biens et services	43,4	45,6	46,7
Intérêts de la dette publique	**19,2**	**19,9**	**20,3**
Compensation des prix	**14,3**	**14,4**	**14,6**
Solde ordinaire	**12,9**	**17,6**	**25,9**
Investissement	**39,2**	**41,2**	**43,2**
Déficit (-)/Excédent (+) global	**-24,4**	**-21,6**	**-15,3**
Besoin (-)/Excédent (+) de financement	**-24,4**	**-21,6**	**-15,3**
Déficit/PIB avec privatisation	**-3,1%**	**-2,6%**	**-1,8%**
Déficit/PIB hors privatisation	**-3,3%**	**-2,7%**	**-1,9%**

En conclusion, il est indispensable de renforcer le recouvrement des recettes fiscales, d'accélérer la réforme de la TVA, de réduire les exonérations qui y sont afférentes.

En outre, il serait utile de rechercher d'autres niches fiscales et de lutter contre la fraude et l'évasion fiscales. A moyen terme, il serait aussi indispensable de repenser la stratégie fiscale dans son ensemble.

De fait, les Orientations Royales donnent une visibilité quant à cette stratégie et ont consisté en l'adoption des mesures nécessaires pour la prorogation jusqu'à fin 2013 du régime fiscal agricole en vigueur actuellement et, dès l'exercice 2014, le secteur agricole devrait avoir un système fiscal approprié et progressif.

Ce nouveau régime fiscal, devrait prendre en considération la précarité sociale des petits agriculteurs et refléter le devoir de solidarité à leur égard, en continuant à subventionner les cultures traditionnelles vivrières à faible rendement.

En matière de compensation des prix, une refonte du système actuel s'impose aujourd'hui avec acuité. D'après la Banque mondiale, les pauvres profitent de la compensation des prix à hauteur de 10% seulement.

Résultats du modèle à correction d'erreur

Dépenses totales

	ΔDEP_t	ΔREC_t
TCE_{t-1}	-2,12	-0,09
	(-4,58)	(-0,12)
ΔDEP_{t-1}	0,84	0,57
	(2,16)	(1,01)
ΔREC_{t-1}	-0,25	-2,08
	(-5,03)	(-4,86)
Constante	758,6	850,59
	(2,11)	(3,74)

Salaires

	ΔSAL_t	ΔREC_t
TCE_{t-1}	-0,59	-0,46
	(-1,26)	(-1,84)
ΔSAL_{t-1}	0,26	0,33
	(0,34)	(0,31)
ΔREC_{t-1}	-1,26	-0,96
	(-2,45)	(-6,48)
Constante	684,56	986,26
	(2,54)	(3,58)

Autres biens et services

	ΔABS_t	ΔREC_t
	-1,25	-0,22
TCE_{t-1}	(-3,26)	(-0,26)
	0,95	3,27
ΔABS_{t-1}	(1,72)	(1,89)
	-1,78	-1,97
ΔREC_{t-1}	(-1,05)	(-7,68)
	58,57	958,43
Constante	(1,56)	(4,84)

Intérêts de la dette du Trésor

	ΔDET_t	ΔREC_t
	-1,23	-1,05
TCE_{t-1}	(-0,99)	(-0,73)
	1,85	1,87
ΔDET_{t-1}	(17,64)	(1,37)
	-1,04	-1,67
ΔREC_{t-1}	(-1,71)	(-3,92)
	977,25	-1335,72
Constante	(4,53)	(-1,75)

RÉFÉRENCES BIBLIOGRAPHIQUES

Anderson W, M. S. Wallace and J. T. Warner (1986), "*Government Spending and Taxation : What Causes What ?*", Southern Economic Journal, January.

Atkinson A. et J. E. Stiglitz, (1980), "*Lectures on Public Economics*", New York, Mc Graw Hill.

Berenson M.L, D.M. Levine, (1992), "B*usiness statistics : concepts and application* " fifth edition.

Box G.E.P., Jenkins G.M., (1970), " *Time Series Analysis : Forecasting and Control* ", Holden Day,

Chang, T. and Y. H. Ho, (2002), "*Tax or Spend, What Causes What: Taiwan's Experience*", International Journal of Business and Economics.

Direction du Budget, Ministère de l'Economie et des Finances, (2005), " *Tableau récapitulatif du bilan financier de l'opération du départ volontaire à la retraite du personnel civil de l'Etat*".

Direction du Budget, Ministère de l'Economie et des Finances, " *état récapitulatif des mandatements au titre des dépenses de compensation imputées sur les charges communes et sur le compte spécial (2007-2008)* ".

Dickey, D.A. and W.A. Fuller (1979), "*Distribution of the Estimators for Autoregressive Time Series with a Unit Root*", Journal of the American Statistical Association.

Duguay, P et Y. Rabeau, (1987), "*Les effets macroéconomiques des déficits budgétaires : résultat d'un modèle de simulation*", Rapports techniques, n°47.

Engle, R. F. and C. W. J. Granger (1987), "*Cointegration and Error Correction : Representation, Estimation, and Testing*" Econometrica.

Fasano U. et Q. Wang (2002),"*Testing the Relationship Between Government Spending and Revenues: Evidence from GCC Countries*", IMF Working paper, Départment de finances publiques, Washington.

Fonteny E., (2006), "*La désaisonnalisation des séries d'agrégats monétaires et de crédit à la Banque de France : Aspects théoriques et mise en œuvre* ".

Goudmet P.M. et J. Molinier, (1992), "*Finances publiques : Budget/Trésor* ", Tome 1, 6ème édition montchretien.

Karim M. (2006), "*Management des finances publiques au Maroc : Contexte actuel et évaluation* ", 1ère édition 2006.

Karim, M. (2002), "*Impact économique des corrections budgétaires : une analyse en équilibre général calculable appliquée au Maroc*", Thèse de Doctorat en sciences économiques, Université Mohammed V-Rabat, FSJES de Rabat-Agdal.

Katrakilidis C. P. (1997), "*Spending and Revenues in Greece : New Evidence from Error Correction Modeling*", Applied Economics Letters.

Manage, N. and M. L. Marlow (1986), "*The Causal Relation between Federal Expenditures and Receipts*", Southern Economic Journal, January.

Shiskin J., Young A., Musgrave J.C. (1967), " *The X11 variant of Census Method II seasonal adjustment program* ", Washington DC, Technical Paper n°15, Bureau of Census, US Department of Commerce.

Oluwole Owoye (1995), "*The Causal Relationship between Taxes and Expenditures in the G7 Countries: Cointegration and Error Correction Models*", Applied Economics Letters.

Régis B. (2000), "*Econométrie. Manuel et exercices corrigés*", 3ème édition Dunod.

Chapitre 4

Position budgétaire

Une bonne appréciation et une gestion contrôlée des finances publiques nécessitent de distinguer, dans le déficit total, la part due à la situation de l'économie dans le cycle de l'activité économique et la part indépendante de ces fluctuations. Cette évaluation est importante, à la fois pour le pilotage macroéconomique et pour la régulation des problèmes conjoncturels. Cette notion a été développée par le Centre de Recherches Economiques de l'Organisation de la Coopération et du Développement Economique (OCDE) et par le département des finances publiques du FMI.

La première étape de cette méthode consiste à éliminer, du déficit budgétaire global observé, les opérations exceptionnelles[6] affectant aussi bien les recettes que les dépenses. Elle vise à éliminer, au niveau des recettes et des dépenses, les opérations qui sont jugées de nature à ne pas se renouveler indéfiniment et qui, de ce fait, n'ont un caractère ni cyclique, ni structurel.

Pour accroître les marges de manœuvre en matière de finances publiques, les autorités publiques ont centré la réflexion sur des mesures à caractère structurel pour réduire le déficit budgétaire global. Ceci est d'autant plus urgent que ce sont surtout les recettes à caractère exceptionnel et, essentiellement, les recettes de privatisation, qui ont contribué à la réduction du déficit budgétaire depuis le début des années 2000.

A partir de l'année 2004, la réforme fiscale est amorcée et a commencé à donner ses fruits en terme de rendement fiscal, et ce

[6] Dans n'importe quelle série projetée dans un cadre pluriannuelle, trois composantes sont identifiées : une composante accidentelle ou exceptionnelle, une composante cyclique et une composante structurelle.

grâce au renforcement du recouvrement des recettes fiscales et à la réduction des dépenses fiscales. Autrement, il est difficile d'améliorer la position budgétaire dans un contexte marqué par les pertes de recettes douanières et dans une situation caractérisée par l'extinction des recettes de privatisation.

La présente analyse vise à apprécier la position budgétaire au Maroc. Pour ce faire, ce chapitre sera organisé comme suit : Le premier point traitera du cadre d'évaluation de la position budgétaire et le second procédera à l'évaluation de l'effet de la conjoncture économique sur le budget.

1. Cadre d'évaluation de la position budgétaire

Le département des finances publiques du FMI et le Centre de Recherche de l'OCDE ont mis en place un cadre analytique pour calculer la position budgétaire en utilisant la notion du déficit (-)/ excédent (+) budgétaire structurel. Cette méthode consiste, en particulier, à estimer les composantes conjoncturelle et structurelle du solde budgétaire global à partir d'une estimation de l'output gap et de la mesure de la sensibilité des finances publiques aux fluctuations de l'activité économique.

1.1. Notion du déficit budgétaire cyclique et structurel

Le solde budgétaire structurel, dit aussi solde corrigé des variations cycliques, est censé donner une évaluation de la situation budgétaire structurelle, abstraction faite de l'effet de la conjoncture économique sur le budget. Cette méthode tient compte du fait que les recettes tendent à être plus faibles, au creux de la conjoncture, que durant les autres phases du cycle économique.

De cette façon, on constate qu'une augmentation du déficit budgétaire global n'est pas toujours nécessairement due à un laxisme dans la rigueur budgétaire ou à une mauvaise gouvernance financière, mais peut résulter de l'amorce d'un fléchissement conjoncturel.

En effet, dans les pays à vocation agricole, la sécheresse a des effets négatifs sur l'économie. Dans ce cas, les Gouvernements peuvent se résigner à augmenter les impôts s'ils anticipent une amélioration de l'activité et, par conséquent, du solde budgétaire cyclique.

1.2. Approches de l'OCDE et du FMI

Il existe, au moins, deux approches pour l'estimation du déficit budgétaire structurel : celle utilisée par les Parlements et les Gouvernements des pays membres de l'Organisation pour la Coopération et le Développement Economique (OCDE) et celle utilisée par le FMI.

Les méthodes de l'OCDE et du FMI[7] consistent, en particulier, à estimer les composantes conjoncturelle et structurelle du solde public à partir d'une estimation de l'output gap[8] et d'une mesure de la sensibilité des finances publiques aux fluctuations de l'activité économique. Les principales différences entre ces évaluations résident, alors, dans l'estimation de l'output gap et dans les élasticités des recettes et des dépenses à l'output gap.

L'hypothèse de base, qui sous-tend le solde budgétaire structurel, est que l'output fluctue autour du sentier de l'output tendanciel. Ce dernier reflète, essentiellement, le taux de croissance de l'économie à long terme. Il est occasionnellement sujet à des chocs, à la fois permanents et temporaires.

Le déficit budgétaire cyclique ou conjoncturel est obtenu alors en faisant la soustraction des composantes cycliques du déficit de

[7] Hagemann R., (1999), "The structural budget balance : the IMF's methodology", working paper, International Monetary Fund.

[8] L'output gap est le rapport du PIB observé et du PIB tendanciel qui se dégagerait si l'économie fonctionnait à pleine capacité. C'est-à-dire, si la production était égale à son niveau de longue période et non pas à son niveau effectif.

son niveau initial. Par conséquent, l'estimation du déficit budgétaire cyclique se fait par (i) la dérivation de l'output tendanciel et de l'output gap, (ii) la quantification de la composante structurelle des recettes et des dépenses et, par la suite, (iii) la déduction de la composante cyclique.

La composante cyclique des recettes et des dépenses, suivant l'approche du FMI et de l'OCDE, est estimée, en partie, par l'estimation de la sensibilité des recettes et des dépenses, à la déviation de l'output courant par rapport à l'output tendanciel. Elle est obtenue en ajustant les recettes observées moyennant la prise en compte des élasticités agrégées[9] des opérations de recettes et du gap entre l'output observé et l'output potentiel. Toujours selon cette approche, les dépenses sont corrigées d'un montant qui reflète l'impact de l'écart entre le taux actuel du chômage et le taux de chômage naturel (non générateur d'inflation).

Pour la dérivation de l'output gap, les économistes et les statisticiens utilisent, essentiellement, deux techniques. La première consiste à estimer le trend de l'output en utilisant la méthode du lissage, entre autres filtres celui de "Hodrick-Prescott". La technique alternative pour dériver le trend passe par son estimation à l'aide de la fonction de production. Cette dernière exige une quantité d'informations difficiles à collecter, surtout dans les pays en développement.

2. Evaluation de l'effet de la conjoncture économique sur le budget

Le maintien des déficits budgétaires à des niveaux relativement plus modérés qu'avant 1992 s'explique par (i) les rentrées importantes au titre de la fiscalité grâce à la politique suivie dans

[9] Une élasticité de recette agrégée peut donc être définie comme une moyenne pondérée des élasticités des composantes des recettes désagrégées, en utilisant comme pondérations, les parts moyennes des composantes de recettes dans le total des recettes au cours de la période.

ce domaine et (ii) l'encaissement régulier des recettes de privatisation à partir de 1992 et à l'encaissement des recettes exceptionnelles comme celles liées la mise à niveau des bilans en 1998/99, qui a rapporté 3,6 milliards de dirhams.

2.1. Traitement des données brutes de recettes et de dépenses

Une première étape de cette méthode consiste à éliminer, du déficit budgétaire observé, les opérations exceptionnelles affectant les recettes et les dépenses. Cette démarche vise à éliminer, au niveau des recettes et des dépenses, les opérations qui n'ont ni un caractère cyclique, ni structurel.

Dans le contexte marocain, les recettes ordinaires sont réduites des recettes de privatisation, de la redevance de pêche, des contributions exceptionnelles au budget de l'Etat de l'Office National d'Electricité (ONE) et de l'Office Chérifien des Phosphates (OCP), des recettes fiscales exceptionnelles liées à la contribution libératoire et à la mise à niveau des bilans. Concernant les dépenses ordinaires, elles sont réduites de certains transferts aux établissements publics. Au niveau des dépenses d'investissement, sont considérées comme exceptionnelles, les dépenses liées à l'assainissement ainsi qu'à la restructuration des établissements publics et à la prise en charge de la dette des établissements publics.

Tableau 4.1. Evolution du solde budgétaire global, avec recettes de privatisation

	Déficit (-) / Excédent (+) budgétaire global en % du PIB	Variation en %
1993	-2,8%	--
1994	-3,5%	-0,7%
1995	-5,5%	-2,0%
96/97	-2,1%	3,4%
97/98	-3,2%	-1,1%

98/99	-2,5%	0,7%
99/00	-0,9%	1,6%
2001	-2,5%	-1,7%
2002	-4,1%	-1,6%
2003	-3,1%	1,0%
2004	-3,0%	0,1%
2005	-4,0%	-1,0%
2006	-1,6%	2,4%
2007	+0,4%	2,0%
2008	+0,7%	0,3%
2009	-2,2%	-3,4%

Source : Rapports annuels de Bank Al-Maghrib

A ce stade, nous avons fait le nettoyage des données, ce qui permet d'isoler les opérations exceptionnelles. Cependant, cela n'élimine pas totalement l'effet de la conjoncture sur les recettes et/ou les dépenses. Pour ce faire, il faut relier les opérations budgétaires à l'effet de l'activité économique.

2.2. Estimation de l'output gap

La dérivation du PIB tendanciel passe par la correction du PIB observé des variations saisonnières. Pour ce faire, nous avons utilisé le filtre HP vu qu'il présente plus d'avantages que les autres méthodes de lissage, par exemple, le traitement des valeurs extrêmes des séries chronologiques.

Tableau 4.2. Output gap

Années	PIB observé	PIB lissé	Output gap
1993	249,2	240,0	0,96299298
1994	279,3	263,6	0,94371033
1995	281,7	287,2	1,01951708
96/97	324,5	311,2	0,9589134
97/98	329,7	335,8	1,0184646
98/99	344,4	361,2	1,04889013
99/00	350,1	387,7	1,10741054
2001	426,9	415,4	0,97312771
2002	446,0	444,1	0,99564169
2003	476,9	473,5	0,99289918
2004	500,1	503,8	1,0074368

2005	522,6	534,4	1,02267487
2006	575,3	565,5	0,98301496
2007	602,7	596,7	0,98999881
2008	680,2	688,8	1,01267487
2009	739,5	756,3	1,02268547

Source : Calculs faits par nous mêmes

Les recettes structurelles seront estimées en prenant en compte l'étendue de l'output gap (déjà calculé) et le degré de sensibilité de ces recettes à l'étendue de l'output gap, moyennant l'élasticité agrégée des recettes estimées à 0,889 en utilisant la formule suivante :

$$R_{s,t} = R_t . (Y^*_t / Y_t)^e \quad \textbf{(1)}$$

Avec R_t : les recettes ordinaires, hors recettes de privatisations et hors opérations exceptionnelles, $R_{s,t}$: les recettes structurelles.

L'équation ci-dessus exprime la correction de l'ensemble des recettes par l'étendue de l'output gap (Y^*_t/Y_t) ou encore le rapport du PIB lissé ou tendanciel au PIB observé.

Signalons que la liaison du déficit budgétaire au produit intérieur brut est non linéaire, et ce pour plusieurs raisons : (i) les recettes ordinaires ne résultent pas seulement de l'activité spécifique de l'année au cours de laquelle elles sont recouvrées - et donc comptabilisées - mais peuvent être attribuables à des années passées, ce qui appelle un retraitement préalable des données en vue d'associer, à chaque exercice, les recettes qui en sont issues, (ii) certaines recettes sont peu sensibles à l'activité économique.

L'impôt sur les sociétés, par exemple, reflète certes la situation financière de l'entreprise, mais dépend également de sa politique fiscale qui peut se traduire par un étalement, plus ou moins important, de la charge fiscale. Aussi est-il que la part des revenus de source publique dans la base imposable à l'impôt sur le revenu fait que cet impôt n'est pas également très sensible à l'activité économique.

Dans notre analyse nous avons supposé, faute d'informations, que toutes les recettes fiscales sont recouvrées sans retard. C'est la raison pour laquelle ce facteur n'est pas introduit dans l'équation (1).

Tableau 4.3. Recettes ordinaires, hors recettes de privatisation, et dépenses globales, hors opérations exceptionnelles, en MMDH.

Années	Recettes ordinaires, hors privatisations et opérations exceptionnelles	Dépenses globales, hors opérations exceptionnelles	Déficit budgétaire, hors privatisations et opérations exceptionnelles
1993	61,5	70,6	-9,1
1994	63,1	74,9	-11,8
1995	61,5	78,2	-16,8
96/97	69,8	81,1	-11,4
97/98	74,1	85,8	-11,7
98/99	79,8	92,3	-12,6
99/00	82,4	96,6	-14,1
2001	85,7	102,9	-10,8
2002	87,7	111,8	-18,2
2003	92,0	117,0	-14,7
2004	99,9	125,1	-15,1
2005	111,5	152,1	-20,7
2006	130,1	148,5	-8,9
2007	150,0	163,6	+1,9
2008	182,7	200,9	+4,0
2009	165,6	195,5	-19,9

Source : Calculs faits par nous mêmes

Une fois les deux composantes du déficit budgétaire structurel calculées, le reste des variables est obtenu par soustraction.

2.3. Résultats de l'analyse

Pour le calcul des déficits budgétaires structurels et cycliques, nous utilisons la formule (1). Pour ce faire, on utilise les données de l'output gap, calculées au tableau 4.2 et les recettes ordinaires, non compris les recettes de privatisation, et dépenses globales, non compris les opérations exceptionnelles, contenues dans le tableau 4.3 ainsi que l'élasticité estimée des recettes. Le tableau 4.4 qui suit donne une estimation en % du PIB du déficit budgétaire structurel.

Tableau 4.4. Déficit budgétaire, hors privatisations et opérations exceptionnelles, déficit structurel et cyclique en % du PIB.

Années	Déficit, hors privatisation et opérations exceptionnelles	Déficit structurel en % du PIB	Déficit cyclique en % du PIB
1993	-3,7%	-4,4%	-0,7%
1994	-4,2%	-5,2%	-1,0%
1995	-6,0%	-7,6%	-1,6%
96/97	-3,5%	-5,2%	-1,7%
97/98	-3,5%	-4,2%	-0,7%
98/99	-3,6%	-4,8%	-1,2%
99/00	-4,0%	-3,0%	1,0%
2001	-8,0%	-9,6%	1,6%
2002	-4,2%	-3,1%	-1,1%
2003	-4,4%	-5,9%	1,5%
2004	-4,1%	-5,2%	1,1%
2005	-5,3%	-3,7%	-1,6%
2006	-2,0%	-3,6%	1,6%
2007	-0,2%	-0,9%	+0,7%
2008	0,7%	-0,3%	+1,0%
2009	-2,2%	-3,9%	+1,2%

Source : Données estimées par nous mêmes

Plusieurs résultats ressortent de cette analyse :

(i) L'impact, de la conjoncture sur le budget, est faible. L'excédent cyclique ne dépasse pas 1,6% du PIB sur toute la période considérée. Le déficit structurel moyen au Maroc est élevé, il est quasiment proche du déficit global. Le déficit budgétaire structurel moyen est de 4,3% du PIB tandis que le déficit budgétaire cyclique moyen est de 0,2% du PIB. Ainsi, en moyenne, le déficit budgétaire structurel représente 95% du déficit total et le déficit cyclique représente seulement 5% ;

(ii) De légers excédents budgétaires cycliques ont été enregistrés durant les années 2001, 2003, 2004, 2006, 2007, 2008 et 2009 ; années ayant connu de bonnes performances agricoles. Par contre, pour les autres années 2002 et 2005, années de sécheresses, les déficits budgétaires structurels étaient élevés. Le niveau faible du déficit budgétaire cyclique résulte de (i) la faible élasticité des recettes fiscales à l'activité économique, cette élasticité s'est améliorée après 2004 et (ii) du caractère incompressible des dépenses du personnel, de la dette et des dépenses de compensation ;

(iii) Le déficit budgétaire pour le 1er semestre de l'année 1995 et pour le 2ème semestre de l'année 2000 n'est pas comparable à celui qui se dégage d'une année pleine, du fait de la périodicité de certaines recettes et des dépenses qui se réalisent à un rythme accéléré, soit au premier ou au second semestre. C'est ce qui justifie l'exclusion des deux mini-budgets de notre analyse.

RÉFÉRENCES BIBLIOGRAPHIQUES

Amara F. (1993), "*Soldes budgétaires et activité économique, formes réduites et analyses des effets de l'économie marocaine : 1970-1990* ", Revue Marocaine de Droit et d'Economie de développement, n° 31, Université Hassan II, FSJES de Casablanca ".

Audenis C. et C. Prost (2000) : « *Déficit conjoncturel: une prise en compte des conjonctures passées* » Série des documents de travail de la Direction des Études et Synthèses Économiques, France.

Hagemann, R. (1999), "*The structural budget balance : the IMF's methodology*" Working paper, International Monetary Fund « 1999.

Fonteny E., (2006), " *La désaisonnalisation des séries d'agrégats monétaires et de crédit à la Banque de France : Aspects théoriques et mise en œuvre* ".

Rapports annuels de Bank Al-Maghrib entre 2001 et 2008.

Revue Française des Finances Publiques (2003), "*Une approche consolidée des données financières des collectivités locales est souhaitable et possible*", Paris, Economica.

Tounsi S. L. Sbai El Idrissi & M. Mahroug, (2003), "*Les finances publiques et la contrainte de l'ouverture de l'économie marocaine*", 7èmes Rencontres organisées par le Département de Sciences Economiques et le CEREC (Cercle d'Etudes et de Recherches en Economie) – la Faculté des Sciences Juridiques, Economiques et Sociales de Rabat-Agdal, le CEMAFI (Centre d'Etudes en Macroéconomie et Finance Internationale) et le RIME (Réseau Interuniversitaire Méditerranée-Europe).

Deuxième partie

Viabilité fiscale et financière

La question de la viabilité financière représente, pour l'ensemble des Etats émergents et des Etats à bas revenus, une question cruciale. Elle demeure relativement difficile à cerner parce que les approches dont elle fait l'objet, diffèrent.

Souvent, la viabilité financière est indissociable d'une gestion budgétaire et macroéconomique saine. En effet, un accroissement du fardeau de la dette et des financements peut amener les décideurs à majorer les impôts et/ou à réduire les dépenses budgétaires mêmes productives.

Il sera question, dans cette partie, de traiter de la viabilité fiscale et financière au Maroc en utilisant, dans la limite de l'utilité, des outils quantitatifs et scientifiques. En particulier, il sera question de :

- Analyser, enfin, dans le cadre du système en vigueur le dosage fiscal entre les impôts directs et indirects, en particulier dans un contexte de démantèlement tarifaire, d'extinction des recettes de privatisation. Nous nous poserons la question sur la possibilité de centrer le système fiscal sur la TVA au lieu de l'impôt sur les sociétés et de l'impôt sur le revenu (Chapitre 5) ;
- Présenter les avancées en matière de la gestion de la trésorerie publique et de montrer sur quels aspects le système de gestion de la trésorerie publique au Maroc pourrait s'améliorer en s'inspirant des expériences les plus avancées dans ce domaine, notamment l'expérience française. En outre, il s'agit de faire apparaître le rôle de la Direction du Trésor du Ministère des Finances en matière de gestion de la trésorerie et la dette publiques (Chapitre 6);

• Evaluer la soutenabilité de la dette du Trésor en déterminant un benchmark de la dette publique directe. Ce niveau est calculé à l'aide d'un cadre d'analyse, communément admis par les économistes, qui considère les facteurs déterminants de la viabilité de la dette publique (Chapitre 7);

• Enrichir la réflexion sur l'impact économique des différentes modalités de financement du secteur de l'éducation, un secteur qui s'accapare le maximum des ressources financières au Maroc. Des simulations ont été conduites portant sur les modalités du financement par la fiscalité, l'aide publique au développement et les emprunts intérieurs et extérieurs. L'utilisation d'un modèle d'équilibre général dynamique, intégrant un bloc traitant les comportements des écoliers, semble être l'outil le mieux indiqué pour cerner la problématique du financement du secteur de l'éducation au Maroc (Chapitre 8).

Chapitre 5

Dosage fiscal entre impôts directs et indirects. Une analyse en EGC statique

Le système fiscal marocain a connu, à la fin des années 80, une réforme importante qui s'est traduite par l'introduction des principaux impôts actuels, la taxe sur la valeur ajoutée (TVA) en 1986, l'impôt sur les sociétés (IS) en 1987, et l'impôt général sur le revenu des personnes physiques (IGR) en 1990, devenu l'impôt sur le revenu (IR) à partir de 2006. Au fil des années, plusieurs réaménagements ont été apportés à ce système à travers des dispositions contenues dans les diverses lois de finances.

Depuis le milieu des années 2000, la Direction Générale des Impôts a engagé une réforme ambitieuse qui reposait sur trois piliers : (i) la modernisation de l'administration fiscale, (ii) la réforme de la fiscalité directe et (iii) la réforme de la TVA. Ces réformes ont permis au Maroc de se doter d'un système fiscal comportant les caractéristiques d'une fiscalité moderne. Signalons que sa structure est marquée par la prépondérance, et ce à partir de l'année 2004, de la fiscalité directe par rapport à la fiscalité indirecte.

En effet, les contributions au titre de l'IS proviennent des résultats fiscaux d'un faible nombre d'entreprises et ceux de l'IR, essentiellement, des salaires qui constituent une base fiscale sûre. De ce fait, la part de l'IR salarial est passée de 71,6% en 2007 à 65% en 2009 de l'IR total grâce à l'amélioration de l'IR professionnel, foncier et de capitaux mobiliers.

Nous nous proposons au niveau du présent chapitre d'analyser les répercussions économiques de l'arbitrage fiscal entre les impôts directs et les impôts indirects dans un contexte d'ouverture croissante de l'économie marocaine. Ainsi, nous avons tenté d'apprécier d'abord, s'il est préférable, eu égard aux critères d'allocation de ressources productives et de bien-être collectif, de compenser les pertes de recettes fiscales par l'impôt sur les biens de consommation (TVA) ou par l'impôt sur le revenu du travail (IR) et l'impôt sur le revenu du capital (IS).

A cet effet, nous construisons un modèle calculable d'équilibre général multisectoriel. L'approche utilisée, et qui nous semble la plus adaptée, est celle basée sur des simulations. Ensuite, le modèle a été calibré sur l'économie marocaine avant d'être utilisé à des fins analytiques. Une telle approche, qui s'appuie sur des estimations sectorielles pertinentes, nous a semblé préférable aux études plus classiques en équilibre partiel et aux études économétriques.

Ainsi, le présent chapitre sera structuré comme suit : Le premier point présentera de façon succincte les principaux impôts. Le second traitera des contraintes qui limitent les recettes. Le troisième analysera les coûts réels des impôts. Le quatrième présentera le modèle de base. Le cinquième et dernier point traitera du calibrage, de la formulation des scénarios et des résultats du modèle.

1. Présentation succincte des principaux impôts

Si actuellement le système fiscal marocain a pris forme, c'est grâce aux réformes menées depuis les années 80 qui ont permis d'introduire les éléments d'un système fiscal moderne. Cependant, il faut noter que depuis l'adoption de ces réformes, des dérogations et des concessions, décidées dans le cadre des lois de finances, ont profondément altéré les aspects, parfois mêmes positifs, des impôts qui ont été introduits.

1.1. Taxe sur la valeur ajoutée

La TVA est la première source de recette fiscale. Pour plus de 40%, ces recettes sont prélevées, à l'importation, par l'Administration de la Douane et des Impôts Indirects. La Direction Générale des Impôts se charge, actuellement, à la place de la Trésorerie Générale du Royaume, du recouvrement des recettes de la TVA sur les opérations intérieures et de la gestion et du contrôle de cet impôt.

Après déduction des remboursements, les recettes sont partagées entre le budget de l'Etat et les collectivités locales selon une clé de répartition proportionnelle fixée, par décret, à 30%.

Les principales mesures adoptées depuis 2005 ont consisté (i) à limiter les nouvelles exonérations, (ii) à simplifier la structure des taux en vue de ramener le nombre de taux non nuls de quatre (7%, 10%, 14%, 20%) à deux taux (10% et 20%), (iii) à restreindre l'application du taux zéro aux exportateurs et aux activités de transport international, et (iv) à harmoniser l'application de la TVA intérieure et de la TVA sur les importations.

L'importance des bases taxables, au taux réduit ou exonérées, amoindrit les recettes au titre de la TVA. C'est pourquoi on trouve que le taux moyen de la TVA est assez bas, un taux inférieur à 12% comparativement à celui d'autres pays, en dépit d'un taux normal élevé de 20%.

1.2. Impôt sur les sociétés

L'impôt sur les sociétés[10] représentait 20% des recettes fiscales. Les gros contributeurs sont les 100 plus grandes entreprises, installées à Casablanca et qui remboursent plus de 60% des recettes de cet impôt.

L'IS s'applique à toutes les sociétés, aux établissements publics et autres personnes morales. Deux mesures importantes ont été prises en 2008 et qui consistent en la baisse du taux d'imposition normal de 35% à 30% et le taux spécifique applicable aux

---

[10] Le produit de l'IS reflète l'incorporation des impôts cédulaires relatifs aux revenus d'intérêts, de dividendes, et des plus-values en 2000. Il s'agit de la TPPRF, la TPA, la TPCVM…

établissements de crédit, à Bank Al-Maghrib, à la Caisse de Dépôt et de Gestion et aux compagnies d'assurance et de réassurance de 39,6%, puis à 37% et à 35% actuellement.

Quant aux déficits, ils peuvent être reportés jusqu'au troisième exercice suivant, et ceux découlant de l'amortissement d'actifs indéfiniment.

L'IS ne doit pas être inférieur à une cotisation minimale qui correspond à 0,5% du chiffre d'affaires et autres produits d'exploitation. Ce taux n'est que de 0,25% pour les opérations effectuées par les sociétés commerciales au titre de ventes portant sur les produits pétroliers, le gaz, le beurre, l'huile, le sucre, la farine, l'eau et l'électricité. Cette cotisation est imputable, sur le montant de l'IS, jusqu'au troisième exercice suivant. Le montant de la cotisation minimale ne peut être inférieur à 1 500 DH.

Actuellement, le taux normal de l'IS de 30% peut être considéré comme comparable aux taux appliqués par d'autres pays. Une tendance à la baisse des taux de l'IS est toutefois observée dans beaucoup de pays. Aussi est-il mieux indiqué d'envisager un taux inférieur à 30% applicable aux Petites et Moyennes Entreprises, soit 25% par exemple.

1.3. Impôt sur le revenu

Environ 2,5 millions de contribuables sont assujettis à l'impôt sur le revenu (IR). L'IR[11] représente 20% des recettes fiscales. La base imposable comprend les revenus salariaux, les revenus professionnels, les revenus agricoles, les revenus fonciers et les revenus du capital (les intérêts, les dividendes et les plus values).

Depuis son introduction en 1990, les recettes de l'IR proviennent essentiellement des revenus salariaux. L'IR salarial a représenté

[11] Le produit de l'IR reflète l'incorporation des impôts cédulaires relatifs aux revenus d'intérêts, de dividendes, et des plus-values en 2000. Il s'agit de la TPI, de la TPPRF, la TPA...

près de 71,6% du total de l'IR en 2007 et 65% en 2009. L'IR, appliqué aux revenus professionnels, aux revenus fonciers et de capitaux mobiliers, représente la différence.

La réforme de l'impôt sur le revenu des personnes physiques est en cours, elle a commencé en 2006. En effet, dans un premier temps, la loi de finances pour l'année 2006 a introduit une nouvelle structure de taux et des tranches, un relèvement du seuil d'imposition à 20 000 DH et une réduction du taux d'imposition marginal à 44%. La loi de finances pour l'année 2007 a introduit une nouvelle structure de taux et des tranches et un relèvement du seuil d'imposition à 24 000 DH et une réduction du taux d'imposition marginal à 42%.

La loi de finances pour l'année 2009 a introduit une autre structure de taux et des tranches et un relèvement du seuil d'imposition à 27 000 DH et une réduction du taux d'imposition marginal à 40%.

Actuellement, la loi de finances pour l'année 2010 prévoit un nouveau relèvement du seuil exonéré à 30 000 DH, un réaménagement des tranches d'imposition et une réduction des taux intermédiaires, ainsi qu'une nouvelle baisse du taux marginal supérieur à 38%.

Tableau 5.1. Barème de l'IR (loi de finances pour l'année 2010)

Tranches de revenu (en DH)	Taux marginal en %
0 à 30 0000	0%
30 001 à 50 000	10%
50 001 à 60 000	20%
60 001 à 80 000	30%
80 001 à 180 000	34%
Plus de 180 001	38%

Rappelons que la charte d'investissement de 1995 avait prévu l'abaissement du taux marginal supérieur de 44% à 41,5%. Ce réaménagement de la structure de l'IR, prévu pour l'année 2010, coûterait au Trésor l'équivalent de 9,6 milliards de dirhams constituant ainsi un gain chez les contribuables.

Nous estimons que tout élargissement des tranches intermédiaires de revenus imposables avec des taux d'imposition moins régressifs se traduirait par une amélioration du pouvoir d'achat des assujettis.

2. Contraintes en matière de recettes fiscales

Les pertes de recettes sont dues aux facteurs suivants : (i) le démantèlement tarifaire suite aux multiples accords de libre échange, (ii) l'importance des dépenses fiscales et (iii) la pression fiscale dépassant le niveau du potentiel fiscal de l'économie.

2.1. Démantèlement tarifaire

Plusieurs accords commerciaux ont été signés. Nous citons (i) l'accord de libre échange signé avec l'Union Européenne entré en vigueur en 2000 et qui doit s'étaler sur une période de 12 ans, (ii) l'accord avec les Etats-Unis d'Amérique en 2006 et (iii) l'accord de libre-échange avec la Jordanie, l'Égypte et la Tunisie à l'horizon 2010, appelé la déclaration d'Agadir. Ces accords auraient pour effet d'annuler pratiquement, à terme, les recettes douanières provenant des droits d'importation. Le tableau ci-dessous présente une estimation annuelle des pertes de recettes dues au démantèlement tarifaire avec l'Union Européenne sur la période 2006-2009.

Tableau 5.2. Estimation des pertes de recettes consécutives à la mise en application de l'accord de libre échange avec l'UE pour la période 2006-2009

	2006	**2007**	**2008**	**2009**
Pertes de recettes cumulées en MMDH	3,5	3,9	5,3	4,7
En % du PIB (base 98)	0,6%	0,6%	0,8%	0,7%

Source : Administration de la Douane et des Impôts Indirects

2.2. Dépenses fiscales

Selon Surrey S.S et McDaniel (1985), le concept de dépenses fiscales a été développé pour pallier l'absence d'évaluation des coûts et des bénéfices des mesures fiscales. Le coût d'une dépense fiscale est égal à la différence entre les recettes perçues dans le cadre d'un système fiscal neutre et celles perçues une fois la mesure introduite. La difficulté consiste à définir la consistance d'un régime fiscal neutre ou de référence.

Une note conceptuelle sur les dépenses fiscales a été réalisée par la Direction des Etudes et des Prévisions Financières dans le but de présenter la problématique et de définir le concept. De son côté, la Direction Générale des Impôts a élaboré plusieurs rapports sur les dépenses fiscales, des rapports qui ont accompagné les lois de finances pour les années 2007, 2008, 2009 et 2010.

Tableau 5.3. Dépenses fiscales par type d'impôts et parts des dépenses fiscales dans les recettes par type d'impôts entre 2007et 2009.

Impôts	2007		2008		2009	
	Dépenses fiscales	**Part en %**	**Dépenses fiscales**	**Part en %**	**Dépenses fiscales**	**Part En %**
IS	4 600	19%	3 529	13,1%	4 822	16,8%
IR	2 998	13%	3 246	12%	3 439	12,0%
TVA (*)	11 088	47%	13 768	51,1%	14 272	49,7%
TIC	1 314	5%	1 361	5,1%	1 472	5,1%
DD	867	4%	1 184	4,4%	1 258	4,4%
DET	2 745	12%	3 856	14,3%	3 470	12,1%
Total	**23 612**	100%	**26 944**	100%	**28 734**	100%

(*) TVA totale (y compris 30% de TVA revenant aux collectivités locales).

Source : Rapports sur les dépenses fiscales de 2008, 2009 et 2010 de la DGI

Cette estimation comptable vise à calculer la réduction de recettes effectives ou potentielles entraînée par l'application de la mesure d'exonération. Les manques à gagner au titre des mesures, prises à l'occasion des dernières lois de finances, permettent de constater qu'elles concernent, par ordre d'importance, la TVA, l'IS, l'IR, les droits de douane et les droits d'enregistrement et de timbre.

2.3. Potentiel fiscal de l'économie

L'examen de l'évolution des recettes fiscales, sur la période 2002 à 2008, montre un changement de la structure des recettes fiscales. Ainsi, la part des impôts directs dans le total des recettes fiscales est passée de 30,7% en 1998 à 43,5% en 2008. Pour la même période, la part de la TVA totale dans les recettes fiscales s'est traduite par une aggravation de la charge fiscale passant de 26,3% en 1998 à 32,9% en 2008. Par rapport au PIB, la part des impôts directs est passée de 5,9% en 1998 à 11,6% en 2008. Tandis que la part des recettes de la TVA totale dans le PIB est passée de 5,1% en 1998 à 8,8% en 2008.

Sur le plan du rendement financier des impôts, le Maroc a obtenu des résultats remarquables en matière de mobilisation des recettes ces dernières années, puisque les rentrées fiscales, l'ensemble des impôts et taxes, y compris les droits de douanes, ont augmenté en moyenne de 26% par an depuis 2005. Cependant, rien n'indique si ces recettes ont été obtenues grâce à l'effet de l'activité économique seule ou suite à l'effet du recouvrement accéléré et forcé des recettes fiscales ; recouvrements de recettes portant sur des exercices antérieurs. Ceci a pour cause la base d'enregistrement des recettes qui est la base « *caisse* » au lieu de la base « *droits constatés* ». Au total, la pression fiscale ne cesse d'augmenter, d'année en année, passant de 19,7% en 2002 à 26,7% en 2008.

En outre, en l'état actuel de la législation et des capacités de l'administration fiscale, le rendement budgétaire des impôts directs risque d'atteindre un plafond. En plus, l'élasticité du système fiscal, définie comme la réaction des recettes aux variations du PIB a doublé en l'espace de trois ans et se situe, aujourd'hui, parmi les plus élevées au monde.

Tableau 5.4. Elasticités des recettes fiscales totales à la croissance économique

	2002	2003	2004	2005	2006	2007	2008
Taux de croissance du PIB (en %) (2)	4,5%	7,1%	5,9%	4,5 %	9,4%	6,6%	10,5 %
Taux de croissance des recettes totales (1)	2,9%	3,0%	3,2%	3,7 %	4,2%	4,9%	6,9%
Elasticité (1) / (2)	**0,9**	**0,6**	**1,2**	**2,9**	**1,4**	**3,0**	**2,0**

Source : Calculs faits par nous-mêmes

La forte élasticité des recettes fiscales par rapport à la croissance économique, observée à partir de l'année 2005, a permis une aisance de trésorerie qui s'est traduite par un excédent budgétaire global, pour la première fois, en 2007 de 0,7% du PIB et, en 2008 de 0,4% du PIB.

Cependant, l'estimation du potentiel fiscal, ainsi que la comparaison de l'évolution des recettes fiscales par rapport à ce potentiel, fait révéler un dépassement très remarquable en 2007 et en 2008. Par contre, entre 2001 et 2004, nous constatons que les recettes fiscales étaient inférieures au potentiel fiscal et, qu'en 2005 et 2006, les recettes fiscales atteignaient juste le niveau de ce potentiel fiscal.

Néanmoins, il est possible que la baisse des taux de l'IR, décidée dans le cadre de la loi de finances pour l'année 2010, pourrait ramener les recettes fiscales au niveau juste du potentiel fiscal de l'économie.

Les conséquences d'un dépassement du potentiel fiscal sur l'économie sont bien connues en terme d'évasion et de fraude fiscale, d'efficacité économique, de perte de bien-être des ménages et de pauvreté. Bien que l'impôt crée des distorsions dans les prix, il demeure un moyen de régulation et d'intervention publique.

3. Coûts réels des impôts

Nous montrons, en ce qui suit, comment les taxes engendrent des distorsions et créent des situations non optimales au sens de Pareto. Dans la littérature économique, les coûts réels des impôts ont fait l'objet d'une double analyse. La première, en équilibre partiel, tend à démontrer la supériorité d'un impôt sur le revenu par rapport à un impôt sur les biens de consommation, et la seconde, en équilibre général, démontre la perte de bien-être relative causée par un impôt sur le revenu.

En équilibre partiel, l'économie de la fiscalité démontre qu'à égalité de prélèvement, l'impôt indirect entraîne une perte de bien-être supérieure à celle de l'impôt direct. Ce qui revient à dire qu'à égalité de réduction du bien-être du contribuable, les recettes fiscales sont plus élevées avec un impôt direct qu'avec un impôt indirect.

On suppose que l'Etat institue une taxe sur les biens de consommation (impôt indirect) pour obtenir un montant donné de recettes fiscales. Soit R, le revenu initial du consommateur, px est le prix du bien X et py est le prix du bien Y.

La contrainte budgétaire du consommateur s'écrit comme suit :

$R = Xpx + Ypy$, et le choix optimal se situe au niveau A (équilibre initial, voir graphique 5.1) Avec l'introduction d'une taxe « t » sur le bien X, la contrainte budgétaire s'écrit: $R = (px + t)X + pyY$.

L'augmentation du prix de X fait pivoter la droite budgétaire du consommateur dont le nouveau choix s'établit au niveau B (second niveau d'équilibre). Si nous désignons par X_2, la nouvelle quantité consommée de X, le montant des taxes collectées par l'Etat est de $t.X_2$.

Si l'Etat décide de collecter le même niveau de recettes fiscales en imposant le revenu, la contrainte budgétaire devient :

$R - t.X_2 = Xpx + Ypy$.

Cette droite a comme pente –px/py, et coupe la courbe d'indifférence précédente au point C. Cela signifie que le consommateur peut atteindre un niveau de satisfaction supérieur (l'équilibre C est préférable à celui réalisé en B en terme de bien-être).

Graphique 5.1. Choix entre un impôt sur le revenu et un impôt sur les biens de consommation (Varian H., 2007)

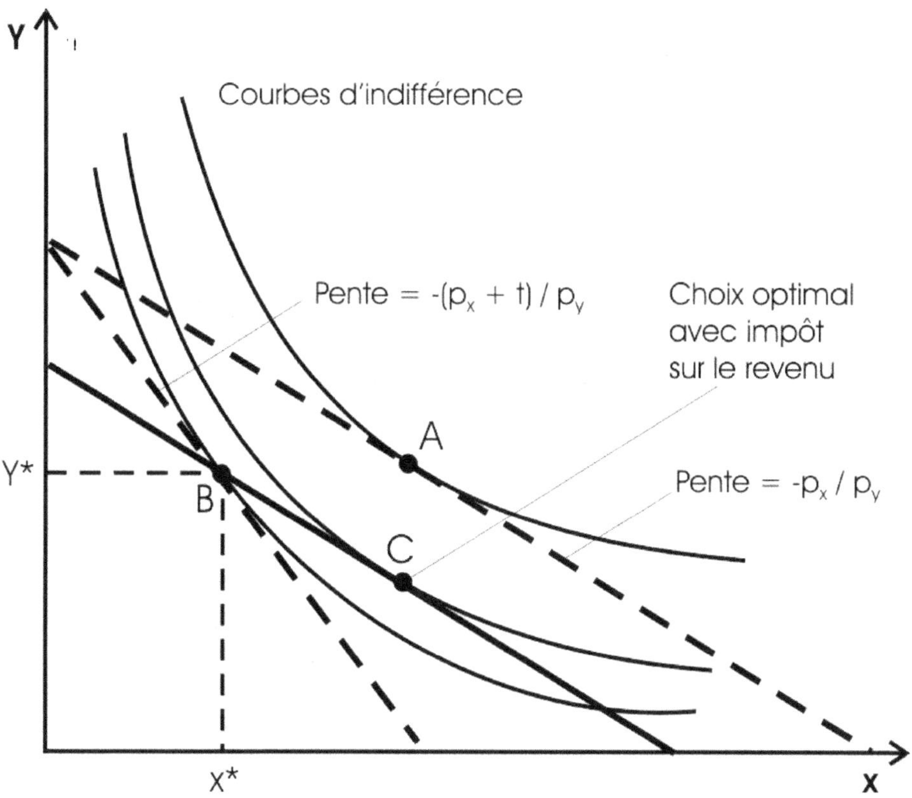

La supériorité de l'impôt direct sur l'impôt indirect s'explique en équilibre partiel par deux effets contraires : un effet de substitution et un effet de revenu. On peut constater sur le graphique 5.1 que l'impôt sur le revenu engendre un effet de revenu seul, alors que celui appliqué sur les biens de consommation engendre les deux.

Le coût différentiel de l'impôt sur les biens de consommation, par rapport à l'impôt sur le revenu, se mesure donc par l'effet de substitution qui donne naissance à une perte sèche.

Si, en équilibre partiel, la supériorité de l'impôt direct par rapport à l'impôt indirect est démontrée, l'analyse en équilibre général, en revanche, fait apparaître que l'impôt direct génère également une perte sèche. L'évaluation de cet effet tient compte de l'interaction entre les marchés des biens et des services et les marchés du travail. L'impôt direct frappe le revenu, il a des effets sur la consommation d'un bien spécifique qui est le loisir. La décision finale de l'arbitrage pourrait être guidée par une analyse en équilibre général calculable.

4. Modèle de base

Le modèle utilisé est un modèle d'équilibre général standard, statique et multisectoriel. Il s'inscrit dans la tradition des modèles construits par Shoven et Whalley (1970), Decaluwe et al. (2001) et Touhami (2006). Quatre agents économiques, les consommateurs, les producteurs, les pouvoirs publics et le reste du monde y sont pris en considération.

4.1. Ménages

Il existe un ménage représentatif dont les décisions de consommation dépendent de son revenu, des prix et de ses préférences. Ces dernières sont exprimées par une fonction d'utilité que nous spécifions comme étant de type Cobb-Douglas. Elle s'écrit de la façon suivante :

$$U_m = \prod_{i=1}^{8} x_{im}^{\mu_m} \qquad \textbf{(1)}$$

avec x_{im} la quantité du bien composite (panier composé de produits domestiques et de produits importés) demandée par m, le consommateur marocain, et μ représentant la part constante du revenu dépensé pour l'acquisition du bien composite i. Bien entendu, nous avons $\mu_{im} \geq 0$ et $\sum_{i=1}^{8} \mu_{im} = 1$

On suppose que le consommateur représentatif effectue une différenciation entre les biens. Il les distingue en fonction de leur origine géographique de production. Ainsi, le consommateur marocain considère comme imparfaitement substituables deux biens identiques intrinsèquement, dès lors que l'un est produit au Maroc et l'autre à l'étranger[12]. La fonction de demande du ménage représentatif s'écrit comme suit, sous forme d'une fonction CES.

$$x_{im} = \left[\beta_{imm}^{\frac{1}{\sigma_i}} x_{imm}^{\frac{\sigma_i - 1}{\sigma_i}} + (1 - \beta_{irm})^{\frac{1}{\sigma_i}} x_{irm}^{\frac{\sigma_i - 1}{\sigma_i}} \right] \quad (2)$$

où σ_{im} est l'élasticité de substitution entre les biens d'un même type, β_{irm} désigne le paramètre de préférence pour les biens. x_{imm} et x_{irm} représentent, respectivement, les quantités demandées par le consommateur représentatif marocain du bien i produit au Maroc et dans le reste du monde.

La fonction de « sous-utilité », ci-dessous, (équation (3)) peut s'interpréter comme un agrégat auquel doit correspondre l'indice des prix suivant :

$$p_{im} = \left[\beta_{imm} p_{imm}^{1-\sigma_i} + \left(1 - \beta_{irm}\right) p_{irm}^{1-\sigma_{im}} \right]^{\frac{1}{1-\sigma_{im}}} \quad (3)$$

où p_{imm} et p_{iem} sont respectivement le prix payé par le consommateur marocain pour l'acquisition du bien produit au Maroc et dans le reste du monde. Le prix payé pour le bien d'importation comprend, en plus du prix producteur, q_{ihk}, une part relative aux barrières douanières et une autre à la TVA. Ainsi, nous avons la relation suivante entre les deux prix :

$$p_{imm} = q_{imm}(1 + \tau_i^{va}) \quad \text{et} \quad p_{ikm} = q_{ikm} e_{ikm} (1 + \tau_{ihk})(1 + \tau_i^{va}) \quad (4)$$

[12] Cette hypothèse est connue sous le nom d'hypothèse d'Armington (Voir Armington (1969)). Elle permet de tenir compte de la différence des prix entre biens identiques mais produits localement ou importés.

avec τ_{ihk} le taux, ad valorem, des tarifs douaniers, τ_i^{va} le taux de la taxe sur la valeur ajoutée et e_{ihk} le taux de change nominal fixe entre le Dirham et l'Euro.

Le ménage représentatif marocain détermine les quantités à consommer de chaque bien en maximisant son utilité sous sa contrainte budgétaire qui n'est autre que la somme des dépenses liées à l'achat de tous les biens provenant des deux régions (Maroc et reste du monde notées m et r avec $M = \{m, r\}$). Une telle dépense totale ne doit pas dépasser les ressources du ménage, W. La contrainte prend alors la forme suivante :

$$\sum_{k \in M} p_{ikm} x_{ikm} \leq W \tag{5}$$

Le revenu des ménages est constitué d'une part constante λ^m du revenu du capital, du revenu des salaires, des transferts des entreprises T^E et des transferts reçus du reste du monde T^r. En définitive, nous avons :

$$W = \lambda^m \sum r_i K_i + w \sum L_i + T^E + T^r \tag{6}$$

L'autre partie du revenu est consacrée à des transferts au reste du monde TRM^v et à l'épargne E.

$$E = W^m (1 - \tau^{dm}) - \sum_{k \in M} p_{ikm} x_{ikm} - TRM^v \tag{7}$$

Dans cette dernière équation, τ^d est le taux d'imposition du revenu des ménages.

La détermination du vecteur optimal des consommations s'effectue en deux étapes. Tout d'abord, le consommateur représentatif répartit son revenu W en achat des différents types de biens en leur consacrant une part fixe μ_{im}. On a donc :

$$x_{im} p_{im} = \mu_{im} W^m \tag{8}$$

Ensuite, il répartit ses dépenses entre produits domestiques et produits importés pour les secteurs. En définitive, les consommations finales sont données par :

$$x_{imk} = \beta_{imk} \left(\frac{p_{im}}{p_{imk}} \right)^{\sigma_{im}} x_{im} \qquad \textbf{(9)}$$

Une telle relation signifie que la quantité demandée au Maroc du bien i, produit soit au Maroc soit à l'étranger, est une fonction croissante de la taille du panier composite x_{im} et de la préférence que lui accorde le consommateur. Par ailleurs, elle est une fonction décroissante de son prix, p_{imk}.

4.2. Entreprises

Pour chacun des huit secteurs agrégés de l'économie marocaine, indicés par i, le comportement des entreprises est résumé par celui d'une firme représentative. Chacune utilise une technologie à rendements constants et opère en concurrence parfaite. La production Y_i, du secteur i est une combinaison, dans des proportions fixes, de la valeur ajoutée et des consommations intermédiaires. On spécifie donc une fonction de production de type Leontief.

$$Y_i = \min\left[\frac{CI_i}{oi_i}, \frac{V_i}{v_i} \right] \qquad \textbf{(10)}$$

Où CI_i est la consommation intermédiaire totale du secteur i et V_i la valeur ajoutée de ce même secteur. Les paramètres oi_i et v_i sont les coefficients techniques de la fonction de Leontief. Ils représentent respectivement les quantités de bien intermédiaire et de valeur ajoutée nécessaires à la production d'une unité d'output du bien i. Bien entendu, $0 < oi_i < 1$, $0 < v_i < 1$ et $v_i + oi_i = 1$.

Pour tenir compte de l'effet de la fiscalité sur le marché du travail, nous avons considéré deux facteurs de production primaires : le capital et le travail. De même, la valeur ajoutée est modélisée sous forme d'une fonction du capital spécifique K_i et du travail L_i à l'aide d'une fonction de type Cobb-Douglas.

$$V_i = A_i K_i^{\alpha_i} L_i^{1-\alpha_i} \tag{11}$$

A_i est un paramètre d'échelle spécifique au secteur i et α_i la part des revenus du facteur capital dans la valeur ajoutée du bien i.

$$Y_i = A_i \left[\alpha_i x_{mr}^{\frac{\varepsilon-1}{\varepsilon}} + (1-\alpha_i) x_{mm}^{\frac{\varepsilon-1}{\varepsilon}} \right]^{\frac{\varepsilon}{\varepsilon-1}} \tag{12}$$

où A_i est un paramètre d'échelle, α_i un paramètre distributif et ε l'élasticité de transformation.

Le producteur i peut affecter sa production Y_i en proportion variable, de manière à maximiser son profit, entre des ventes à l'exportation x_{mr} et des ventes locales x_{mm}. La part des exportations est donnée par :

$$x_{mr} = \alpha_i \left(\frac{q_{rm}}{q_{mm}} \right)^{\varepsilon} x_m \tag{13}$$

4.3. Pouvoirs publics

Le comportement des pouvoirs publics n'est pas explicitement modélisé[13]. L'Etat se contente de lever quatre types d'impôts : la TVA, l'impôt sur le revenu des entreprises, l'impôt sur le revenu des ménages et les droits de douane.

Le produit des impôts sert à financer les différentes catégories des dépenses courantes, des dépenses d'investissement et des transferts aux différents agents.

Les recettes de l'Etat[14] sont composées des revenus de la taxation indirecte :

$$RTI = \sum_i \tau_i^{va} [q_{imm} x_{imm} + (1+\tau_{ihk}) e q_{irm} x_{irm}] \tag{14}$$

[13] Dans le sens où les pouvoirs publics ne présentent pas un comportement optimisateur.

[14] Les droits d'enregistrement et de timbre sont répartis au niveau de la matrice de comptabilité sociale à part égale entre les ménages et les entreprises.

des recettes liées aux droits de douane :

$$RDD = \sum_i \tau_{ihk} eq_{irm} x_{irm} \quad \textbf{(15)}$$

et des recettes liées aux impôts directs sur les ménages et les entreprises :

$$RTD = \tau^{dm} W^m + \tau^{de} W^e \quad \textbf{(16)}$$

5. Calibrage, scénarios et résultats des simulations

Le cadre comptable du modèle est fourni par la matrice de comptabilité sociale de l'économie marocaine construite à partir des données du TES de 2005, publié par le Haut Commissariat. Par souci de brièveté, nous ne décrirons pas l'ensemble des opérations réalisées à partir du TES et d'autres données macro-économiques pour construire la matrice. En dehors des paramètres liés au système fiscal, tous les autres paramètres sont calibrés de façon standard[15].

Quatre principaux scénarios ont été envisagés. Le premier scénario considère un démantèlement tarifaire partiel de 35% uniforme à l'ensemble des secteurs et la compensation des pertes qui en découle par la TVA. Le second reprend ce scénario en simulant, en plus, un élargissement de l'assiette fiscale de la TVA de 10%. Le troisième scénario considère un démantèlement tarifaire partiel de 35% uniforme à l'ensemble des secteurs et la compensation des pertes qui en découle par des recettes au titre de l'IR et de l'IS. Le dernier scénario reprend le troisième en simulant, en plus, un élargissement de l'assiette fiscale de l'IR et de l'IS de 10%.

Le modèle étant basé sur la statique comparative, il est possible de comparer les répercussions économiques engendrées par les quatre simulations. Pour apprécier le gain ou la perte de bien-

[15] Voir Décaluwe et al. (2001).

être collectif, on utilise un indicateur de variation équivalente au sens de Hicks (VEH)[16]. Ainsi, un gain (perte) de bien-être suppose une variation équivalente positive (négative).

Dans tout les cas, la compensation du manque à gagner, causé par le démantèlement tarifaire par la TVA ou par des impôts directs, permet de neutraliser l'effet intrinsèque de la dégradation de l'épargne publique sur les structures économiques. En outre, vu la part relativement moins importante générée par les recettes au titre des taxes intérieures à la consommation par rapport à celles de la TVA, et vu que les deux taxes frappent les biens de consommation, les TIC sont assimilées, pour des raisons de simplicité dans le modèle, à de la TVA.

Les résultats de la première simulation montrent que pour compenser la baisse des droits de douane de 35%, à taux effectifs de l'IR et de l'IS constants, le taux de TVA uniforme devrait augmenter de façon endogène de 5%. Plusieurs secteurs demeurent relativement compétitifs et capables de dégager de fortes valeurs ajoutées. Il s'agit du secteur agricole, de l'industrie extractive, des constructions, de l'hôtellerie et restauration et des services marchands. D'autres secteurs, moins compétitifs, perdent des valeurs ajoutées comme les industries manufacturières, le pétrole et l'énergie.

En outre, nous assistons à une légère baisse du taux de salaire uniforme à l'ensemble des secteurs, parce que les baisses des valeurs ajoutées créées dans les secteurs perdants du travail (les industries manufacturières, le pétrole et énergie) l'ont emporté sur les hausses des valeurs ajoutées créées dans les secteurs qui en sont gagnants (secteur agricole, industrie extractive, les constructions, l'hôtellerie et restauration et les services marchands). Suite à la baisse du taux de salaire uniforme, le bien-être des ménages a enregistré une perte « d'utilité » confirmée par une variation équivalente négative de 0,25% du PIB. La seconde

[16] Pour plus de détails sur ce point, voir Shoven et Whalley (1984) ainsi que Varian (1997).

simulation porte sur l'élargissement de l'assiette de la TVA de 10% et permet de constater que les résultats en terme de bien-être sont meilleurs. Les ménages perdent seulement l'équivalent de 0,15% du PIB de l'année de base. Dans un tel cas, le taux uniforme de TVA devrait augmenter de 3,5%.

Les résultats de la troisième simulation montrent que pour compenser la baisse des droits de douane de 35%, à taux effectifs de TVA constants permet de constater que les taux de l'IR et de l'IS devrait augmenter de façon endogène de 6%. Plusieurs secteurs demeurent relativement compétitifs et capables de dégager de fortes valeurs ajoutées. Il s'agit, du secteur agricole, de l'industrie extractive, des constructions, de l'hotellerie et restauration et des services marchands. D'autres secteurs demeurent moins compétitifs comme les industries manufacturières, le pétrole et l'énergie.

En outre, nous assistons à une légère baisse des taux de salaire uniforme à l'ensemble des secteurs, parce que les baisses des valeurs ajoutées créées dans les secteurs perdants du travail (les industries manufacturières, le pétrole et énergie) l'ont emporté sur les hausses des valeurs ajoutées créées dans les secteurs qui en sont gagnants (secteur agricole, industrie extractive, les constructions, l'hôtellerie et restauration et les services marchands). Suite à la baisse du taux de salaire uniforme, le bien-être des ménages a enregistré une perte « d'utilité » confirmée par une variation équivalente négative de 0,37% du PIB de 2005.

La dernière simulation consiste en la simulation d'un élargissement des assiettes de l'IR et de l'IS de 10%. Les pertes de bien-être sont moindres qu'en troisième simulation de 0,29% du PIB.

Nous estimons que l'institution d'un taux uniforme nominal modéré aux alentours de 18,5% serait, incontestablement, le meilleur choix pour optimiser les performances de la TVA. Si l'élargissement de l'assiette fiscale de cet impôt est possible, le taux uniforme de 16,5% est suffisant pour compenser les pertes de recettes douanières.

Enfin, cette analyse est une contribution à l'évaluation de l'impact du démantèlement tarifaire sur la structure des taux de la TVA, de l'IR et de l'IS avec et sans élargissement de leurs assiettes fiscales respectives. Le contexte étant marqué par le démantèlement tarifaire et par l'extinction des recettes de privatisation. Les principaux résultats obtenus consistent en la perte de compétitivité dans les secteurs dont la demande d'emploi augmente, notamment le secteur agricole, l'industrie extractive, les constructions, l'hôtellerie et la restauration et les services marchands, et une perte d'emplois dans les secteurs des industries manufacturières et le pétrole et énergie. Le bien-être des ménages dans les quatre simulations se dégrade suite à la baisse des taux de salaire uniforme à l'ensemble des secteurs mais à des ampleurs différentes. Cependant, cette dégradation est moindre lorsque les pertes de recettes douanières sont compensées par la TVA, encore moindre lorsqu'il est possible d'élargir l'assiette fiscale de cet impôt. Un système de TVA à taux uniforme nominal de 18,5% serait encore plus préférable.

Cependant, le modèle élaboré pourrait capter les effets de la redistribution et des inégalités de revenus en distinguant entre des classes de ménages pauvres, moyens et riches[17]. En plus, ce modèle étant statique, il ne permet pas de prendre en compte les effets dynamiques de l'ouverture commerciale.

[17] Des modèles calculables d'équilibre général ont été développés pour capter les effets de la redistribution et les inégalités des revenus de type micro simulé qui considèrent tous les ménages. Voir à ce sujet le travail de Abdelkhalek T. (2006).

SECTEURS ET VARIABLES CONSIDÉRÉES

Les secteurs retenus

Code	Secteurs
AGR	Agriculture et Pêche
EXT	Extraction
IND	Industrie
PETR	Pétrole et énergie
CONST	Construction
HOTR	Hôtels et restauration
SM	Services marchands
SNM	Services non marchands

ttva : taux effectifs de TVA ;

RM : Revenu des ménages ;

RE : revenu des entreprises ;

RG : revenu de l'Etat ;

SM : épargne des ménages ;

SE : épargne des entreprises ;

SG : épargne de l'Etat ;

VEH : variation équivalente.

W : taux de salaire uniforme ;

PVAi : prix de la valeur ajoutée du secteur i ;

Vi : valeurs ajoutée par secteur i ;

Yi : production du secteur i ;

Li : demande de travail par secteur ;

Pi : prix composite du bien i ;

RÉSULTATS DES SIMULATIONS

Libéralisation commerciale et variation des prix

Variables	Base	Sim 1 (%)	Sim 2 (%)	Sim 3 (%)	Sim 4 (%)
W	1,000	-1,125	-0,175	-1,025	-0,015
PVA agr	1,000	+2,560	+1,520	+2,760	+1,770
PVA ext	1,000	+4,589	+3,549	+4,789	+3,749
PVA ind	1,000	-4,674	-3,634	-4,874	-3,864
PVA petr	1,000	-6,256	-5,266	-6,450	-5,452
PVA const	1,000	+2,548	+1,549	+2,740	+1,760
PVA hotr	1,000	+5,364	+4,324	+5,565	+4,564
PVA sm	1,000	+5,320	+4,340	+5,521	+4,526
P agr	1,028	+2,256	+1,276	+2,452	+1,432
P ext	1,088	+2,568	+1,538	+2,761	+1,711
P ind	1,072	-2,684	-1,614	-2,884	-1,824
P petr	1,140	-5,642	-4,632	-5,842	-4,842
P const	1,109	+2,522	+1,592	+2,721	+1,731
P hotr	1,048	+3,589	+2,549	+3,787	+2,767
P sm	1,058	+2,567	+1,507	+2,768	+1,869

Démantèlement tarifaire et productions

Variables	Base	Sim 1 (%)	Sim 2 (%)	Sim 3 (%)	Sim 4 (%)
Y agr	86 389,900	+2,686	+1,676	+2,887	+1,886
Y ext	11 632,760	+2,295	+1,285	+2,496	+1,494
Y ind	212 797,38	-4,201	-3,261	-4,402	-3,403
Y petr	36 972,870	-1,862	-0,822	-2,067	-1,065
Y const	47 702,070	+1,500	+0,530	+1,701	+0,705
Y hotr	14 817,430	+4,800	+3,809	+5,105	+4,105
Y sm	173 030,37	+1,511	+0,517	+1,717	+0,717

Libéralisation commerciale et ajustement du travail

Variables	Base	Sim 1 (%)	Sim 2 (%)	Sim 3 (%)	Sim 4 (%)
L agr	3 166,000	+5,825	+4,865	+6,024	+5,024
L ext	2 735,000	+9,415	+8,475	+9,614	+8,616
L ind	22 071,000	-6,904	-5,924	-7,106	-6,146
L petr	3 427,000	-4,759	-3,769	-4,958	-3,988
L const	5 318,000	--	--	--	--
L hotr	1 578,000	+2,232	+1,272	+2,431	+1,451
L sm	25 235,000	+3,800	+2,860	+4,001	+3,201

Démantèlement tarifaire et taux d'imposition effectifs de TVA

Variables	Base	Sim 1 (%)	Sim 2 (%)	Sim 3 (%)	Sim 4 (%)
ttva agr	4,6%	09,6%	08,7%	18,50%	16,50%
ttva ext	3,8%	07,8%	06,2%	18,50%	16,50%
ttva ind	10,3%	08,3%	07,6%	18,50%	16,50%
ttva petr	25,7%	16,7%	15,6%	18,50%	16,50%
ttva const	10,7%	18,7%	17,1%	18,50%	16,50%
ttva hotr	06,3%	19,3%	18,3%	18,50%	16,50%
ttva sm	21,7%	19,7%	18,6%	18,50%	16,50%

Libéralisation commerciale et revenus

Variables	Base	Sim 1 (%)	Sim 2 (%)	Sim 3 (%)	Sim 4 (%)
RG	105 782,000	0,000	0,000	0,000	0,000
RE	137 469,590	0,053	1,078	0,053	0,053
RM	311 519,600	0,026	1,033	0,022	0,022
SG	1 594,000	2,532	3,525	2,532	2,532
SE	51 017,100	0,005	1,256	0,005	0,005
SM	30 540,000	-0,147	-1,1324	-0,147	-0,147
VEH/PIB	0,000	-0,256	-0,156	-0,371	-0,296

RÉFÉRENCES BIBLIOGRAPHIQUES

Bensouda N. (2009), "*La politique fiscale : quels ajustements face à la crise* ?". Colloque international sur les finances publiques au Maroc et en France, le 12 et 13 septembre 2009.

Bouzahzah M. (2000), "*Développements de la modélisation d'équilibre général calculable*". Thèse de Doctorat, Université de Lille 2.

Diverses interventions de Monsieur le Directeur Général des Impôts au sujet de *la réforme fiscale au Maroc* entre 2000 et 2009.

Oulhaj L. (2003), "*Le modèle d'équilibre général et mesure des chocs*". 7ème Rencontre organisée par la Faculté des Sciences Juridiques, Economiques et Sociales de Rabat-Agdal, le CEREC, le CEMAFI et le RIME.

Martin, M. C., M. Souissi, B. Decaluwe, (1993), "*Modèle 3 - modèle réel d'une économie ouverte avec gouvernement*" in PARADI (Programme d'analyses et de recherches économiques appliqués au développement international, Vol 2.

Ministère de l'Economie et des Finances (2000), "*Assises nationales sur la fiscalité au Maroc*", Bulletin d'information du Ministère de l'Economie, des Finances, de la Privatisation et du Tourisme, Al Maliya, n° 24.

Karim, M. (1999), "*Fiscalité indirecte, allocation des ressources productives et bien-être collectif au Maroc*". Doctorat du troisième cycle, Université Mohammed – V, Rabat (préparée dans le cadre du projet de recherche en partenariat avec l'Université de Montréal et de Laval financé par l'ACDI).

Marouani, M. A. (2004), "*Effets de l'accord d'association avec l'Union Européenne et du démantèlement de l'accord multifibre sur l'emploi en Tunisie : une analyse en équilibre général intertemporel*", Document de travail, Dial.

Shoven J. B. et J. Whalley (1984), "*Applied General Equilibrium Models of Taxation and International Trade : an Introduction and a Survey*", Journal of Economic Litterature, 22, pp. 1007-1051.

Chapitre 6

Gestion de la trésorerie publique

La gestion de la trésorerie publique s'inscrit dans le cadre global de la gouvernance financière. L'anticipation de tout risque d'inadéquation entre les charges et les ressources incite le Trésor, le cas échéant, les mesures nécessaires en vue de mobiliser des ressources de financement.

Outre la mobilisation de ces ressources, la mise en œuvre d'une politique de gestion active de la trésorerie publique implique que le Trésor devrait, d'une part, moderniser et diversifier ses instruments de gestion et, d'autre part, élargir le champ de ses interventions sur le marché et interbancaire et financier.

Un regard sur les expériences étrangères en la matière, notamment celle de la France, dont l'organisation financière et comptable présente des similitudes par rapport à celle du Maroc pourrait inspirer les structures concernées de la Direction du Trésor. En France, les techniques et les méthodes développées en matière de prévision des flux de trésorerie, les moyens d'action sur le comportement de ces flux et les modalités de gestion des disponibilités de trésorerie publique sont assez développés.

Ainsi, ce chapitre sera organisé comme suit : Le premier point, présentera les modalités de gestion de la trésorerie publique en faisant référence au cadre légal qui la régit. Le second analysera les obstacles rencontrés pour la mise en place de bonnes pratiques en matière de la gestion de trésorerie publique, une sorte de benchmarking. Le dernier point présentera l'expérience française en matière de gestion de la trésorerie publique.

1. Gestion de la trésorerie publique au Maroc

Comme il a été avancé auparavant, le système de gestion de la trésorerie publique marocain emprunte beaucoup d'éléments au système français du fait qu'il se base sur le principe de l'unité de caisse. Rappelons, à cet effet, qu'en vertu de ce principe, l'ensemble des ressources financières de l'Etat constituant sa trésorerie est déposé dans un compte courant unique domicilié à Bank Al-Maghrib. Ainsi, et outre les avoirs de l'Etat au budget général, aux services de l'Etat gérés de manière autonome et aux comptes spéciaux du Trésor, sont aussi déposés sur ce compte les fonds, les encaisses des comptables publics, les chèques en cours d'encaissement, les dépôts des collectivités locales, les dépôts des établissements et entreprises publiques et les dépôts bancaires des particuliers ou d'entreprises privées au Trésor.

1.1. Rôle de la Direction du Trésor

Le Maroc, à l'instar des autres pays du monde, a mis en place un système de gestion de la trésorerie publique. Dans ce système, les rôles et les responsabilités des gestionnaires, au Ministère de l'Economie et des Finances et à Bank Al-Maghrib, sont clairement définis.

La Direction du Trésor et des Finances Extérieures (DTFE) est une direction centrale du Ministère des Finances. De par ses attributions, cette direction se charge de la gestion de la trésorerie de l'Etat et assure l'alimentation en liquidités du circuit de la dépense publique. C'est une petite direction qui dispose d'un effectif de 250 cadres, à ne pas confondre avec la Trésorerie Générale du Royaume (TGR). La plupart des cadres de la Direction du Trésor ont un niveau de formation économique et financière très élevé et bien adapté.

Cette direction est aussi l'interlocutrice du Ministère des Finances auprès des institutions internationales. Elle entretient des relations d'assistance technique, notamment dans le domaine financier avec le FMI, la France et le Canada. De plus, elle entretient aussi des relations avec le secteur bancaire, notamment, les grandes banques et la banque centrale.

La Direction du Trésor et des Finances Extérieures gère aussi la dette à moyen et long termes de l'Etat : elle tient la comptabilité de la dette et effectue les ordonnancements de la dette concernant les charges en principal et en intérêts au profit de la Trésorerie Générale du Royaume lorsqu'il s'agit de la dette intérieure ou au profit de la Banque centrale pour ce qui est de la dette extérieure.

Cette direction pilote la stratégie d'endettement au regard des objectifs financiers globaux fixés (l'objectif, à moyen terme de 60% du PIB, a été atteint) ou au regard des objectifs de répartition des différentes composantes de la dette entre les parties intérieure et extérieure.

La comptabilisation du stock de la dette fait l'objet d'un suivi et les divers indicateurs financiers sont fournis dans les documents, produits par la Direction du Trésor, dans une note mensuelle de conjoncture ou dans le rapport économique et financier ainsi que sur le site web public du Ministère des Finances.

En outre, cette direction a initié et accompagné les réformes ayant touché à la modernisation de financement du Trésor. Le premier palier de la réforme a été marqué par l'abandon progressif des financements administrés et des privilèges dont jouissait le Trésor par rapport aux autres emprunteurs au profit de financements aux conditions du marché. C'est ainsi qu'une batterie de mesures a été mise en place et a porté notamment sur :

- L'institution du marché des adjudications en 1989 ;
- La création, en 1996, d'un marché secondaire et la désignation d'un réseau d'intermédiaires en valeurs du Trésor ; et

• La création, en 1997, d'un dépositaire central (Maroclear) pour sécuriser les opérations de règlement-livraison des valeurs du Trésor concomitamment avec la dématérialisation des bons du Trésor.

Ce processus a été poursuivi à travers :

• L'introduction de la technique d'émission par assimilation pour accroître la liquidité des valeurs du Trésor ;

• La réduction de la valeur nominale unitaire des titres à 100 000 DH.

1.2. Processus de gestion de la trésorerie publique

Conformément à ses attributions, la Direction du Trésor et des Finances Extérieures procède, régulièrement, à la prévision et au suivi de la trésorerie publique. En effet, les rythmes d'exécution des ressources et des charges de trésorerie obéissent à des facteurs qui sont souvent difficilement maîtrisables. Des écarts, parfois très importants, entre les prévisions et les réalisations sont enregistrés. Le but de cet exercice est d'anticiper tout risque d'inadéquation entre les ressources et les charges du Trésor.

Un compte courant du Trésor excédentaire, au-delà d'une certaine encaisse de précaution, est signe d'une gestion inefficace des deniers publics. En effet, ces excédents, qui pourraient découler d'un décalage infra-hebdomadaire entre les recettes et les dépenses du Trésor, occasionnent un manque à gagner pour ce dernier dans la mesure où ils ne sont pas rémunérés.

La gestion de la trésorerie se fait notamment à l'aide d'émissions d'emprunts, de courts et moyens termes, essentiellement des bons du Trésor de maturité 5 ans et moins, sur le marché des adjudications de bons du Trésor. De plus, elle se base sur des situations périodiques de trésorerie réalisées après la collecte des informations relatives à l'exécution du budget ; produites par la Trésorerie Générale du Royaume et la Direction du Budget. De plus, des informations relatives aux financements extérieurs par Bank Al-Maghrib.

La Direction du Trésor et des Finances Extérieures collecte alors les informations sur les dépenses et les recettes et assure un suivi quotidien, avec un jour de décalage, de son compte ouvert auprès de Bank Al-Maghrib qui synthétise l'ensemble de ces mouvements de fonds. Une application informatique de trésorerie est installée à la Direction du Trésor et à la Trésorerie Générale du Royaume afin de cerner cette collecte d'informations au travers, notamment, d'un état mensuel statistique fourni par la Trésorerie Générale du Royaume, la Situation Provisoire des Opérations du Trésor (la SPOT).

Encadré 6.1

Technique de l'assimilation

L'assimilation est une technique qui consiste à rattacher une nouvelle tranche d'emprunt à une émission antérieure avec les mêmes caractéristiques. Il s'agit d'assimiler, à une première émission, des émissions ultérieures qui présentent des caractéristiques identiques : le même taux d'intérêt facial, la même échéance et le même prix de remboursement.

La technique d'émission par assimilation a été mise en place par le Trésor pour la 1ère fois en date du 31/10/1995 sur une ligne à 52 semaines au taux de 8,5% et avec date d'échéance coïncidant avec le 30/11/1995.

Cette technique n'est devenue systématiquement suivie par le Trésor qu'à partir du 29 décembre 1997 où la 1ère ligne, à avoir fait l'objet de l'assimilation, a été une ligne à 52 semaines au taux de 7,5% et qui avait comme date de jouissance le 22/12/1997.

L'assimilation a pour objectif de limiter le nombre de lignes d'emprunt en circulation et l'accroissement des encours de ces lignes afin d'augmenter la liquidité et la négociabilité de ces lignes sur le marché secondaire. En d'autres termes, l'assimilation permet de constituer des lignes d'emprunt à forte capitalisation, d'où un marché secondaire actif et liquide pouvant attirer de gros investisseurs.

La Direction du Trésor élabore sa prévision hebdomadaire de levée de fonds pour l'essentiel sur le marché des adjudications de bons du Trésor, soit plus de 90% d'instruments utilisés. Ces adjudications sont principalement souscrites par les banques commerciales, les OPCVM et sociétés de bourse, les compagnies d'assurance et la Caisse de Dépôt et de Gestion. Afin de tenir les marchés mieux informés des besoins de financement public, la Direction du Trésor publie, en annexe à la note mensuelle de conjoncture, sa situation prévisionnelle des besoins de trésorerie en distinguant les parties charges, ressources, déficit et besoin de financement.

En conséquence, le Trésor est tenu de mener une politique de gestion active de la trésorerie publique à travers l'élargissement du champ de ses interventions, notamment au marché monétaire, au marché secondaire des valeurs du Trésor et au marché des pensions livrées.

La gestion de la trésorerie étant indissociable de la gestion de la dette publique, le Trésor est amené à mettre en place une gestion active de la dette intérieure.

Ainsi, et pour faire face à des besoins temporaires de trésorerie, la Direction du Trésor devrait être en mesure de placer les excédents de trésorerie non rémunérés qui pourraient être enregistrés au niveau du compte courant du Trésor sur le marché interbancaire ou sur le marché secondaire en prenant en pension des valeurs du Trésor.

En effet, une gestion active de la dette intérieure, objet de l'article 49 de la loi de finances pour l'année 2008, à travers la régulation de la volatilité des titres en circulation sur le marché et l'élimination des titres illiquides, permet de soutenir la dynamisation et l'accroissement de l'efficience du marché secondaire.

1.3. Organisation du marché des adjudications de bons du Trésor

L'émission des bons du Trésor par voie d'adjudication est régie par la circulaire du 2 mai 2003 qui annule et remplace celle du 04 septembre 2000. Ladite circulaire prévoit que toute personne physique ou morale, résidente ou non résidente, peut soumissionner aux adjudications des bons du Trésor. Le montant unitaire des bons émis par le Trésor, dans le cadre des adjudications, est de 100 000 dirhams.

Les adjudications portent sur :

- Les bons à très court terme de 7 à 45 jours de durée ;
- Les bons à court terme de 13, 26 et 52 semaines de durée ;
- Les bons à moyen terme de 2 et 5 ans de durée ;
- Les bons à long terme de 10, 15, 20 et 30 ans de durée, remboursables in fine.

Il est indiqué que les bons du Trésor sont émis à taux fixe ou à taux variable et que les dates d'émission et les caractéristiques des bons du Trésor sont portées, en temps utile, à la connaissance des investisseurs. En plus, les bons du Trésor souscrits par voie d'adjudication sont négociables, de gré à gré, sur le marché secondaire relatif à cette catégorie de bons.

Les bons du Trésor souscrits par voie d'adjudication sont inscrits, en compte, auprès du dépositaire central au nom des établissements admis à présenter les soumissions et affiliés à cet organisme. Cette inscription fait ressortir la répartition entre « *avoirs propres* » et « *avoirs clients* ».

Les bons du Trésor sont remboursés, au pair, à dater du jour de leur échéance et les intérêts, produits par les bons à court terme, sont réglés à l'échéance ou à l'émission et calculés sur la base de 360 jours. Concernant les intérêts des bons à moyen et à long termes, ils sont payables annuellement aux dates anniversaires des dates de jouissance et à terme échu. Ces intérêts sont calculés sur la base d'une année de 365 jours ou de 366 jours si l'année est bissextile. Les émissions de bons à court terme à intérêts précomptés doivent être annoncées à l'avance par le Ministère des Finances.

Hormis les bons à très court terme, qui peuvent être émis hors calendrier, les adjudications des bons du Trésor ont lieu selon la périodicité suivante :

- Tous les mardis, dans le cas des bons à 13, 26 et 52 semaines ;
- Le deuxième et le dernier mardi de chaque mois, dans le cas des bons à 2, 5, 10 et 15 ans.
- Le dernier mardi de chaque mois, dans le cas des bons à 20 et 30 ans.

Si le mardi est un jour férié, l'adjudication est reportée au jour ouvrable suivant. Le Ministère des Finances se réserve, toutefois, la possibilité d'annuler des séances prévues au calendrier ou de procéder à des adjudications supplémentaires. Ces modifications sont annoncées une semaine à l'avance.

Les soumissions retenues donnent lieu aussi au règlement, le lundi suivant la séance d'adjudication, pour les maturités égales ou supérieures à 13 semaines. Si le lundi est un jour férié, le règlement s'effectue le jour ouvrable suivant. Par contre, le règlement des soumissions, des bons à très court terme, doit s'effectuer le premier jour ouvrable suivant le jour de l'adjudication.

Les établissements admis à présenter des soumissions formulent les offres qu'ils effectuent, pour leur propre compte et pour le compte de leur clientèle, au moyen de bordereaux qui doivent être conformes à un modèle précis fourni par Bank Al-Maghrib.

Les établissements agréés par le Ministère des Finances en qualité d'intermédiaires en valeurs du Trésor doivent formuler les soumissions qu'ils présentent à ce titre.

Les bordereaux des soumissions sont transmis par fax à Bank Al-Maghrib à Rabat, au niveau de la Direction de la Régulation Monétaire du Département des Opérations du Marché Monétaire, au plus tard le mardi à 10 h 30 mn.

Les soumissions sont exprimées en taux ou en prix à deux décimales.
Les soumissions en prix sont annoncées à l'avance par le Ministère des Finances. Il est indiqué que les soumissions aux bons émis par assimilation sont exprimées en prix.

Lors du règlement, les adjudicataires de bons assimilables acquittent, outre le prix des bons qui leur sont attribués, le montant des intérêts courus de la date d'émission ou la date de paiement du coupon précédent à la date de règlement, sur la base du coupon couru communiqué par le Ministère des Finances.

Les établissements admis à présenter des soumissions se réservent la possibilité, pour chaque maturité, soit de proposer un seul montant ainsi que le taux ou le prix correspondant, soit de fractionner leurs propositions en plusieurs tranches, assorties de taux ou de prix différents.

La Direction de la Régulation Monétaire de Bank Al-Maghrib communique, à la Direction du Trésor et des Finances Extérieures, les soumissions recevables, sous une forme ordonnée et anonyme. Suite à cela, des réunions sont tenues généralement en présence du Directeur du Trésor, qui est l'ordonnateur principal du compte de la dette, pour fixer le taux ou le prix limite de l'adjudication ainsi que les besoins financiers du Trésor. Il faut préciser que seules les soumissions faites à un taux inférieur ou égal au taux limite, ou à un prix supérieur ou égal au prix limite, sont satisfaites. Les soumissions retenues sont servies aux taux ou aux prix proposés par les souscripteurs.

Le montant des offres au taux ou au prix limite peut être retenu en totalité ou en partie seulement. Dans ce dernier cas, la répartition est effectuée proportionnellement aux offres reçues.

Les établissements agréés par le Ministère des Finances en qualité d'intermédiaires en valeurs du Trésor peuvent présenter, le jour de l'adjudication avant 10 h 30 mn, des offres non compétitives (ONC) qui seront servies à hauteur de 20% des montants adjugés dont 50% au taux ou au prix limite et 50% au taux ou au prix moyen pondéré. Cependant, le montant des offres retenues à ce titre ne doit pas excéder, pour l'ensemble des établissements concernés, 20% du volume adjugé par maturité. La Direction de la Régulation Monétaire de Bank Al-Maghrib se charge de la répartition de ce montant entre les intermédiaires en valeurs du Trésor concernés.

Dès la réception de la décision du Ministère des Finances, qui doit intervenir le jour même de l'adjudication, la Direction de la Régulation Monétaire informe individuellement les établissements soumissionnaires de la suite réservée à leurs soumissions.

Les principaux résultats de chaque séance d'adjudication portant sur les montants globaux proposés, les taux ou les prix limites retenus, les montants globaux adjugés, les taux ou les prix moyens pondérés...sont communiqués, par la Direction de la Régulation Monétaire, à la connaissance du Groupement Professionnel des Banques du Maroc, à la Caisse de Dépôt et de Gestion, à l'Association Professionnelle des Sociétés de Financement, à l'Association Professionnelle des Sociétés de Bourse, à l'Association des Sociétés de Gestion, au Fonds d'Investissement Marocain et à la Fédération Marocaine des Compagnies d'Assurance et de Réassurance.

La Direction de la Régulation Monétaire communique également ces résultats, pour diffusion, aux agences Maghreb Arab Presse (MAP) et Reuters et les principaux résultats de chaque séance d'adjudication sont disponibles aussi sur le site Internet de Bank Al-Maghrib.

Par ailleurs, la loi n° 76-03 portant sur les nouveaux statuts de Bank Al-Maghrib, entrée en vigueur le 2 mars 2006, a instauré l'indépendance de la banque centrale et lui a procuré une autonomie en matière de conduite de politique monétaire. A ce titre, l'article 27 de ces statuts stipule que « *la Banque ne peut accorder des concours financiers à l'Etat, ni se porter garante d'engagements contractés par lui, que sous forme de facilité de caisse*».

Ce nouveau texte, impose la mise en place d'une gestion active de la dette et de la trésorerie publiques. Cette gestion repose sur le recours à des opérations d'emprunt ou de placement sur le marché monétaire et interbancaire.

2. Obstacles rencontrés

La mise en place d'une bonne gestion de la trésorerie publique nécessite certains préalables : (i) la mise à jour du cadre juridique actuel, (ii) la maîtrise quasi-parfaite des flux financiers quotidiens transitant par le compte courant du Trésor et (iii) la mise en place d'une salle de marchés.

Sur le plan opérationnel, une gestion de la trésorerie publique intéresse plusieurs partenaires : les ordonnateurs, notamment ceux de la dette, les comptables, notamment ceux de l'administration centrale, ceux des établissements publics et des collectivités locales et Bank Al-Maghrib. Un système de gestion intégrée de la trésorerie publique est indispensable et permet l'annonce préalable et l'exécution des transactions en temps réel.

Le recours à des opérations de gestion active de la trésorerie nécessite une célérité au niveau de l'exécution de ces opérations. Il faut rappeler que le schéma comptable actuel considère que la Direction du Trésor est l'ordonnateur des recettes et des dépenses au titre de la dette publique et que les agents comptables sont chargés de l'exécution des ordres émis par la Direction du Trésor. Ce schéma s'apprête mal aux exigences d'une gestion active de la trésorerie publique. Une bonne gestion suppose la rapidité dans l'exécution des opérations afin de saisir les opportunités de marché.

La modernisation des instruments de gestion de la trésorerie publique impose aussi la refonte du cadre légal y afférent. En outre, une des problématiques posée dans le cadre de cette gestion, dans l'immédiat, concerne le dépôt des fonds disponibles chez les établissements publics qui bénéficient des subventions du budget général. Ainsi, conformément à la loi 69-00 relative au contrôle financier, quels sont les mécanismes mis en place pour attirer les dépôts bancaires des entreprises et des établissements publics vers les circuits du Trésor ? sachant que ces dépôts dépassent, dans plusieurs cas, les autorisations accordées dans le cadre de la législation en vigueur.

En effet, il y a lieu de remarquer que les disponibilités des entreprises et des établissements publics, qui dépassent actuellement les 100 milliards de dirhams, font l'objet de placements, pour une grande partie auprès du secteur bancaire et, pour le reste, au Trésor.

Devant l'ensemble des obstacles cités avant et d'autres, le projet de création d'une salle de marchés au Trésor reste-t-il ambitieux ?

3. Gestion de la trésorerie publique en France

Dans le cadre de la coopération franco-marocaine, une assistance technique est fournie régulièrement par l'Association d'Echange de Technologies Economiques et Financières (ADETEF)[18].

---

[18] Nous avons eu l'occasion, en 2004, de nous enquérir sur place de l'expérience française dans le domaine de la gestion de la trésorerie publique et de la consolidation des comptes publics. Un projet qui était mené par le Ministère de Finances et de la Privatisation, du

Des contacts avec les responsables impliqués dans la gestion de la trésorerie publique, au niveau de la Direction Générale de la Comptabilité Publique, de la Direction du Trésor et de la Banque de France, ont permis d'avoir une idée sur l'expérience française. Cette expérience porte sur les modalités de prévision et de suivi de la situation de la trésorerie publique ainsi que le mode d'intervention de la Banque de France en matière de gestion du compte du Trésor Public.

Il faut noter que la mission de Trésor public, qui implique en principe toutes les directions du Ministère de l'Economie et des Finances Francais, est assurée pratiquement par deux directions principales, la Direction Générale de la Comptabilité Publique, à travers son réseau de comptables publics, et la Direction du Trésor qui joue un rôle « *d'état-major* » en matière de prévision et de suivi de l'exécution.

Le compte courant du Trésor français héberge les flux qui transitent pour le compte de l'Etat, des correspondants du Trésor qu'ils soient des départements, des communes, des régions..., des établissements publics, de la Caisse de Dépôt et de Consignation qui utilise les guichets du Trésor, de l'Agence Centrale des Organismes de Sécurité Sociale (organisme chargé de la gestion de la trésorerie des différents organismes de sécurité sociale) et des déposants de fonds.

Les prévisions concernant les flux de l'Etat sont établies sur la base des prévisions actualisées de la loi de finances, du calendrier fiscal et de l'échéancier de la dette. Pour les autres flux financiers, les prévisions sont établies sur la base des réalisations passées. A cet effet, des séries historiques concernant ces flux sont conservées. Il est procédé parallèlement à des actualisations périodiques des prévisions initiales et à une mensualisation de ces mêmes prévisions.

---

moment que le Maroc a adhéré à la Norme Spéciale de Diffusion de Données (NSDD) du FMI en 2005.

C'est ainsi que plusieurs réunions d'arbitrage, au nombre de 3 par an, regroupant les directions de la Comptabilité Publique, des Impôts, de l'INSEE, du Budget et du Trésor, sont tenues en vue de faire le point sur les prévisions et les réalisations et de proposer des orientations[19]. A ce niveau, il convient de noter que les actions régulatrices, qui peuvent être proposées, revêtent un caractère budgétaire, en ce sens qu'elles ne prennent pas la forme de retardement des paiements par les comptables mais d'interventions par la Direction du Budget auprès des départements dépensiers par le biais des contrôleurs centraux placés au niveau de ces départements.

Les opérations de relance des versements de dividendes interviennent dans le cadre de la régulation du solde budgétaire, en fin d'année, dans le cadre du contrôle et de la tutelle de la Direction du Budget sur les établissements publics.

Parallèlement au dispositif des prévisions, il existe un système d'annonce qui permet de se renseigner sur les opérations se traduisant par un règlement imminent. A cet effet, les comptables publics, par exemple, sont obligés d'annoncer les dépenses dont le montant excède environ 7600 Euros ainsi que les virements prévus pour le lendemain.

C'est ainsi que le Trésor Public dispose d'un compte unique (compte pivot) libellé en Euros qui se décompose en comptes d'opérations ouverts au nom des comptables publics et libellés en Euros. Ces comptes d'opérations, qui peuvent être débiteurs ou créditeurs, sont quotidiennement, en fin de journée, centralisés au niveau du compte pivot dont le solde doit impérativement être créditeur.

---

[19] C'est l'équivalent du Comité de Conjoncture Financière (CCF) qui siège à la Direction du Trésor et des Finances Extérieures. Les informations sur les recettes et les dépenses sont validées avec les organismes collecteurs dans le cadre de réunions mensuelles. Soulignons que ce Comité rassemble les représentants des différentes directions du Ministère des Finances.

Ces comptes d'opérations, qui sont au nombre de plus de 8000, décrivent les opérations effectuées par le Trésor dans le cadre, soit de son activité régalienne, soit de son activité bancaire.

Concernant la première catégorie d'opérations, qui comprend le recouvrement des recettes et l'exécution des dépenses, les délais d'imputation coïncident avec les délais de règlement interbancaire dans le système d'échange de façon à ce que l'intervention de la Banque de France soit neutre du point de vue trésorerie.

Le Trésor, pour ce qui est de ses opérations bancaires, participe, directement, dans les chambres de compensation et, indirectement, dans le Système Interbancaire de Télécompensation. Les soldes de compensation sont imputés au compte du Trésor.

En vertu des textes légaux, la Banque de France communique quotidiennement à la Direction du Trésor la situation centralisée des opérations du compte. Ces opérations sont ventilées selon leur origine à l'aide de « *codes flux* ». Ainsi, pour les opérations se déroulant à Paris, une vingtaine de catégories d'opérations sont distinguées. Pour celles se déroulant en Province, seulement huit catégories sont distinguées.

En conclusion, au Maroc, l'élargissement du champ d'intervention du Trésor à travers une gestion dynamique de la dette intérieure et de la trésorerie publiques nécessitera la mise en place de certains préalables tels que :

- Le développement d'outils de prévision des flux de trésorerie ;
- La mise à jour du cadre juridique vu que le Trésor n'est pas explicitement autorisé à intervenir sur le marché secondaire et interbancaire ;
- La maîtrise des flux financiers quotidiens impactant le compte courant du Trésor dans le but de connaître l'horizon de placement des excédents de trésorerie ;

• La mise en place d'une salle de marchés afin de pouvoir mener les interventions du Trésor sur le marché financier dans des conditions professionnelles, et

• La formation des ressources humaines devant conduire les interventions au niveau de cette salle de marchés.

Avec l'aisance de trésorerie et l'amélioration de la position budgétaire que le Maroc a connu en 2007 et en 2008, la gestion de la trésorerie publique ne semble pas poser de problèmes particuliers de rareté de la ressource. Cependant, la modernisation des instruments utilisés pour gérer la trésorerie publique et la refonte du cadre légal y afférent constituent un défi à relever.

RÉFÉRENCES BIBLIOGRAPHIQUES

Bank Al-Maghrib, (2003), *"Circulaire relative à l'adjudication des bons de Trésor", n°* 18/G/2003 du 22/04/2003.

Bank Al-Maghrib, *"Modificatif n°1 de la circulaire n°18/G/2003 du 22/04/2003 relative à l'adjudication des bons du Trésor".*

Bank Al-Maghrib, *"Modificatif n°2 de la circulaire n°18/G/2003 du 22/04/2003 relative à l'adjudication des bons du Trésor"*

Bouvier, M. (2004), *"Finances publiques"*, Jean Pierre Lassal, 7ème édition, Paris LGDJ.

Chabih J. (2005), *"Les finances des collectivités locales au Maroc"*, Edition Harmattan, collection : histoire et perspectives méditerranéennes.

Fonds Monétaire International, (2001), *"Manuel de Statistiques des Finances Publiques"*, Whashington DC.

Fonds Monétaire International, (2005), *"Maroc : rapport sur l'observation des normes et des codes de transparence des finances publiques"*, N° 05/298, Whashington DC.

Goudmet P.M. et J. Molinier, (1992), *"Finances publiques : Budget/Trésor"*, Tome 1, 6ème édition montchretien.

Institut National de la Statistique et des Etudes Economiques (2005), *"Tableau de l'économie française : 2005/2006"*, INSEE, Paris.

Karim M. (2009), "*Les 5 préalables pour réussir la gestion de la trésorerie publique* ", l'Hebdomadaire des Décideurs, Challenge, n° 252 du 26 septembre au 02 octobre 2009.

Minsitère de l'Economie et des Finances, Direction des Etablissements Publics et de la Privatisation, *Rapport sur les établissements publics au titre du PLF 2009 et du PLF 2010.*

Pechillon E. (2005), *"Les finances publiques en 15 leçons"*, Ellipses-Marketing.

Chapitre 7

Dette publique directe et évaluation de sa soutenabilité

La question de la soutenabilité d'une dette publique doit s'inscrire dans un cadre dynamique en prenant en compte, non seulement le solde budgétaire primaire, mais aussi la vigueur de la croissance économique et le niveau des taux d'intérêt.

En outre, le FMI définit la soutenabilité comme « *la situation dans laquelle un pays a la capacité de satisfaire à ses obligations présentes et futures concernant le service de la dette, sans qu'un changement important dans sa balance des paiements ne soit nécessaire* ».

L'évaluation de la soutenabilité de la dette passe par le calcul d'un benchmark de la dette publique en utilisant deux façons différentes et complémentaires. Ces deux méthodes, statistique et économique, nous permettent de répondre respectivement à deux questions fondamentales: (i) est-ce que la dette du Trésor est stationnaire ? autrement dit, est-ce que, à politique budgétaire inchangée, l'encours observé en pourcentage du PIB tend vers un équilibre stable ? et (ii) est-ce que son niveau actuel est supportable ?

Pour examiner ces aspects, le présent chapitre sera organisé comme suit : Le premier point donne un aperçu sur le profil de la dette directe du Trésor. Le second présentera les résultats de l'évaluation de la soutenabilité de la dette publique directe.

1. Profil de la dette directe du Trésor

Une analyse, sur plusieurs années, de l'évolution de la dette directe du Trésor, montre une tendance à la hausse de l'encours de la dette intérieure et, par conséquent, une détérioration des indicateurs de l'endettement intérieur. Cette dégradation était nette en 2005 où l'encours de la dette intérieure a atteint un niveau élevé, soit 258,5 milliards de dirhams ou l'équivalent de 49% du PIB à cause de (i) la conversion des arriérés constituées à l'égard de la CMR, au titre de la part patronale, de l'équivalent de 11,1 milliards de dirhams en des bons de trésor, et (ii) du financement de l'opération du départ volontaire à la retraite, qui a coûté une enveloppe globale de 11 milliards de dirhams.

Dernièrement, le Trésor a apuré le passif de l'Etat par le remboursement intégral des avances conventionnelles de Bank Al- Maghrib à travers l'émission des bons de Trésor d'un montant de 5,5 milliards de dirhams entre 1960-1980 et le remboursement des dépôts des particuliers auprès de Barid Al-Maghrib logés dans les circuits du Trésor.

Au total, la dette intérieure qui représente 79% de la dette directe du Trésor a connu une baisse de 2,5% entre 2007 et 2008. Le niveau de l'endettement intérieur du Trésor s'est situé à 257,1 milliards de dirhams en 2008 contre 263,8 milliards de dirhams en 2007, soit 38,3% du PIB en 2008 contre 42,9% du PIB une année auparavant.

L'encours de la dette extérieure représente, quant à lui, 21% de la dette publique du Trésor. Il a enregistré une hausse d'environ 2,8 milliards de dirhams pour atteindre 68,7 milliards de dirhams en 2008, contre 65,9 milliards de dirhams en 2007 ou l'équivalent de 10,2% du PIB en 2008 et 10,7% du PIB en 2007.

Globalement, la dette publique du Trésor a atteint 325,8 milliards de dirhams ou l'équivalent 53,6% du PIB en 2008 et 329,8 milliards de dirhams ou l'équivalent de 53,6% du PIB en 2007, contre 283,8 milliards de dirhams ou 63,7% du PIB en 2002.

1.1. Dette intérieure du Trésor

L'encours de la dette intérieure du Trésor s'élèverait en 2008 à 257,1 milliards de dirhams contre 263,8 milliards de dirhams en 2007, soit une baisse de près de 2,5% ou de 6,7 milliards de dirhams. Par rapport au PIB, cet encours a baissé de 4,1 points du PIB en 2008 comparativement à 2007.

Il est à signaler qu'après une augmentation en 2001 de 26,5 milliards de dirhams, l'encours de la dette intérieure du Trésor a enregistré une forte augmentation en 2005. Cet accroissement a résulté de la hausse de l'encours des bons émis par adjudication dc l'équivalent de 36,7 milliards de dirhams. De ce fait, l'encours s'est accru en 2005 de 4,7 points du PIB par rapport à 2004, passant de 44,3% à 49,0% du PIB d'une année à l'autre. En 2006, cet encours a connu une baisse de 3 points du PIB.

Si l'on exclut les émissions effectuées au profit de la Caisse Marocaine des Retraites pour un montant de 11,1 milliards de dirhams, l'encours de la dette intérieure n'aurait augmenté que de 10,6% au lieu de 15,6%, et le ratio de cette dette, par rapport au PIB, n'aurait progressé que de 2,5 points au lieu de 4,7 points.

Tableau 7.1. Dette intérieure du Trésor

	2002	2003	2004	2005	2006	2007	2008
Dette intérieure	**191,2**	**211,2**	**223,6**	**258,5**	**265,8**	**263,8**	**257,1**
En % du PIB	42,9%	44,3%	44,3%	49,0%	46,0%	42,9%	38,3%
Adjudications	**169,9**	**197,1**	**214,8**	**251,5**	**259,9**	**259,6**	**252,7**
Evolution en %	18,8%	16,0%	9,0%	17,1%	3,4%	-0,1%	-2,7%
Ecarts en MMDH	26,8	27,2	17,7	36,7	8,4	-0,3	-6,9

Source : Direction du Trésor

Par instrument, l'encours de la dette intérieure reste dominé par les bons du Trésor émis par voie d'adjudication qui représentent, à eux seuls, plus de 98% de l'encours global.

En effet, la part de l'encours des bons émis par voie d'adjudication dans l'encours de la dette intérieure du Trésor a représenté 98,3% en 2008, 98,4% en 2007 et 88,9% en 2002. En moyenne annuelle, cette part s'élève à 95,7% entre 2002 et 2008.

L'examen de la répartition de l'encours de la dette intérieure par produit fait apparaître que l'encours des bons émis par adjudication s'élève à 252,7 milliards de dirhams en 2008, contre 259,6 milliards de dirhams en 2007.

Tableau 7.2. Répartition de l'encours par produit en milliards de dirhams

	2002	2003	2004	2005	2006	2007	2008
Adjudications (*)	**169,9**	**197,1**	**214,8**	**251,5**	**259,9**	**259,6**	**252,7**
Bons à 6 mois	2,6	2,9	1,4	1,2	1,0	0,05	0,05
Autres (**)	18,8	11,2	7,1	5,8	4,8	4,2	4,4
Total	**191,2**	**211,2**	**223,6**	**258,5**	**265,8**	**263,8**	**257,1**
Total hors CMR	**191,2**	**211,2**	**223,6**	**247,4**	**265,8**	**263,8**	**257,1**

* En Novembre 2006, une nouvelle ligne a été lancée portant sur une maturité de 30 ans.
** Emprunts conventionnels, 1 an programme socio-économique, 10 ans réserve d'investissement, 5 ans CCT et anciennes obligations.

Source : Direction du Trésor

Tableau 7.3. Les souscriptions en milliards de dirhams

	2002	2003	2004	2005	2006	2007	2008
Adjudications	75,9	65,9	75,2	79,6	38,8	41,9	46,5
Autres titres	18,9	8,0	6,9	4,7	3,4	26,7	4,1
Total	**94,8**	**74,5**	**82,1**	**84,3**	**42,2**	**65,6**	**50,6**

Source : Direction du Trésor

Compte tenu de la modification de la structure par terme résiduel de la dette intérieure, la durée de vie moyenne des bons a connu une hausse en dépassant la barre de 6 ans à partir de 2005. De ce fait, le profil de la dette intérieure du Trésor a changé au profit d'une dette à maturité longue, diminuant de ce fait le risque de renouvellement.

La ventilation de cet encours, par échéance résiduelle, laisse apparaître un accroissement annuel de la part de l'encours de la dette à long terme, passant de 27,8% en 2002 à 49,4% en 2008. Les parts du court et moyen termes sont passées à l'inverse de 72,2% en 2002 à 50,7% en 2008.

De plus, la ventilation de l'encours total, par catégorie de créanciers, montre que les compagnies d'assurances et les banques en détiennent les deux tiers. Toutefois, sous l'effet de l'augmentation de la part de la catégorie des « *autres créanciers* », notamment en raison de l'importance des souscriptions du Fonds Hassan II pour le Développement Economique et Social et des émissions au profit de la CMR, les parts des compagnies d'assurances ont reculé ces dernières années.

Les souscriptions nettes au titre de la dette intérieure réalisées au terme de l'année 2008 ont enregistré, pour la deuxième année consécutive, un flux négatif de 6,7 milliards de dirhams contre un flux négatif de 1,9 milliard de dirhams en 2007. Le montant souscrit en 2008, de l'ordre de 42,2 milliards de dirhams, constitue le montant le plus faible réalisé depuis 2002. Il est à noter qu'en 2005, les souscriptions étaient importantes en début et en fin d'année sous l'effet essentiellement de (i) l'émission de 11,1 milliards de dirhams en bons de Trésor au profit de la CMR et de (ii) la prise en charge des indemnités versées au titre de l'opération du départ volontaire à la retraite.

Les charges en intérêts et commissions de la dette intérieure du Trésor enregistrent pour la première fois depuis plus d'une décennie, en 2008, une baisse qui ressort à 0,9 milliards de dirhams ou 6% par rapport à l'année 2007.

Concernant les conditions de rémunération, il faut signaler que le financement intérieur du Trésor s'est effectué dans un contexte marqué par une tendance baissière des taux d'intérêt, suite à la situation de surliquidité qui prévalait sur le marché.

Quant à la dette intérieure garantie, son encours a atteint 9,2 milliards de dirhams en 2008, contre 9,5 milliards de dirhams en 2007. Quatre établissements et organismes financiers publics ont des dettes garanties par l'Etat qui sont : le Crédit Immobilier et Hôtelier (CIH), l'Office National des Chemins de Fer (ONCF), la Société Nationale des Autoroutes du Maroc (ADM) et l'Office Régional de Mise en Valeur Agricole de Doukkala (ORMVAD).

Le Crédit Immobilier et Hotelier (CIH) et l'Office National des Chemins de Fer (ONCF) restent les principaux bénéficiaires de la garantie de l'Etat, avec respectivement 46% et 35% de la dette totale garantie.

1.2. Dette extérieure du Trésor

L'encours de la dette extérieure publique devrait s'établir, à fin 2008, à 134,2 milliards de dirhams contre 122,0 milliards de dirhams en 2007 enregistrant ainsi une augmentation de 12,2 milliards de dirhams ou de 10% d'une année à l'autre. En dépit de cette augmentation, le taux d'endettement extérieur public s'est stabilisé aux alentours de 20% du PIB.

Cette diminution a résulté de l'effet conjugué de la gestion active de la dette extérieure et de l'impact des fluctuations de change lié à l'appréciation du Yen par rapport au Dirham de 29% (8,9 DH pour 100 Yens en 2008 contre 6,9 DH pour 100 Yens en 2007) et du Dollar de 5% (8,1 DH pour 1 $ US en 2008 contre 7,7 DH en 2007).

Les institutions internationales de développement constituent le premier groupe créancier du Maroc, avec un encours de 69,9 milliards de dirhams ou presque la moitié de la dette extérieure contre 40% en 2003, suivis des créanciers bilatéraux avec 54,0 milliards de dirhams et des banques commerciales avec une créance de 10,3 milliards de dirhams.

En 2008, les principaux créanciers du pays qui représentent environ 67% de l'encours total de la dette extérieure sont : la

BIRD (15%), la France (13%), la BAD (13%), la BEI (12%), le FADES (7%), le Japon (6%), l'Allemagne (5%) et la BID (4%).

Il est à signaler que la structure, par groupe de créanciers, a connu une forte modification, durant les six dernières années, caractérisée essentiellement par un renforcement de la part des institutions internationales de 26%, une diminution de celle du Club de Paris de 9,3% et une baisse des banques commerciales de 32%.

Par débiteur, le Trésor demeure le principal emprunteur avec 68,7 milliards de dirhams en 2008, représentant 51,0% du total de la dette extérieure publique.

La dette extérieure du Trésor a connu, durant cette période, une diminution importante que celle des établissements publics, et ce en raison de la conjugaison des deux principaux facteurs : (i) la diminution du recours du Trésor au financement extérieur en parallèle d'un recours accru des entreprises et établissements publics à ces financements et (ii) l'effet des opérations réalisées en matière de gestion active de la dette extérieure du Trésor notamment les remboursements par anticipation et les refinancements des dettes onéreuses ainsi que les conversions de dette extérieure en investissements publics et privés. A titre de rappel, les opérations de la gestion active de la dette extérieure ont porté sur un montant global de 70 milliards de dirhams.

Ces évolutions se sont reflétées au niveau des indicateurs d'endettement extérieur. Ainsi, le taux d'endettement extérieur du Trésor s'est réduit considérablement, durant les dernières années, pour atteindre 10,2% du PIB en 2008.

La dette extérieure garantie s'élève ainsi en 2008 à 65,5 milliards de dirhams, soit 49% du total. Elle est détenue principalement par l'Office National de l'Electricité (20 milliards de dirhams), la Société Autoroute du Maroc (13 milliards de dirhams), l'Office National de l'Eau Potable (6 milliards de dirhams), la Royal Air

Maroc (5 milliards de dirhams), l'Office National des Chemins de Fer (5 milliards de dirhams).

La composition de la dette extérieure par devise fait montrer que la part de l'Euro s'est renforcée durant les dernières années au détriment du Dollar américain et du Yen japonais.

Cette structure, qui tend vers un benchmark de la dette extérieure, atténue l'exposition au risque de change en limitant l'impact des fluctuations des différentes devises eu égard à la structure des échanges commerciaux et du panier du Dirham.

Il est à signaler que les financements extérieurs mobilisés par le Trésor et les entreprises p milliards de dirhams ubliques en 2008 ont porté sur un montant global de l'ordre de 22,3 milliards de dirhams, soit presque le même niveau qu'en 2007.

La répartition globale des tirages fait ressortir les éléments suivants :

- Le Trésor avec un montant de 11,3 milliards de dirhams en 2008 qui était destiné au financement des projets d'investissements (7,5 milliards de dirhams) et au financement des réformes structurelles et sectorielles (3,8 milliards de dirhams). On cite essentiellement un montant de 1,5 milliards de dirhams destiné pour la réforme de l'administration et 1,2 milliards de dirhams au secteur de l'eau, 0,6 milliards de dirhams au secteur de la santé et 0,5 milliards de dirhams au secteur de l'habitat ;

- Les entreprises publiques avec un montant de 11,0 milliards de dirhams en 2008 ayant profité à l'Office National d'Electricité (4,7 milliards de dirhams), aux Autoroutes Du Maroc (2,3 milliards de dirhams), à l'Office National des Chemins de Fer (1,3 milliards de dirhams), à la CFR (1,0 milliards de dirhams), à l'Office National de l'Eau Potable (0,7 milliards de dirhams) et à la Royale Air Maroc (0,6 milliards de dirhams).

Tableau 7.4. Tirages sur emprunts extérieurs en MMDH

	2002	2003	2004	2005	2006	2007	2008
Dette du Trésor	4,5	8,4	4,7	9,3	8,8	10,3	10,3
Dette garantie	2,8	5,1	3,7	5,4	7,3	2,4	2,4
Total	**7,3**	**13,5**	**8,3**	**14,7**	**16,1**	**12,8**	**12,8**
Evolution en %	18,7%	85,1%	-38,3%	77,1%	9,5%	-20,9%	-20,9%
Ecarts en MMDH	1,1	6,2	-5,2	6,4	14,0	-3,4	-3,4

Source : Direction du Trésor

Les charges de la dette extérieure publique en intérêts et en principal, réglées en 2008, se sont élevées à 18,6 milliards de dirhams contre 20,1 milliards de dirhams en 2007, soit une baisse de 1,5 milliards de dirhams.

Les charges en intérêts se sont établies en 2008 à 5,1 milliards de dirhams contre 4,7 milliards de dirhams réglées en 2007 et ont amorcé une nouvelle hausse depuis 2006.

Les amortissements, se sont établis à 13,5 milliards de dirhams en 2008 contre 15,5 milliards de dirhams en 2007, soit une baisse de 2 milliards de dirhams. Cette diminution a concerné principalement les remboursements effectués par le Trésor.

Le coût moyen de la dette extérieure publique s'est élevé en 2008, à 4,0% pour une durée de remboursement restante moyenne de l'ordre de 8 ans. Ce coût étant en hausse de 10 points de base par rapport à 2007.

Par ailleurs, la répartition des amortissements par groupe de créanciers, montre les indicateurs suivants :

- Les banques commerciales ont réglé 40% ou 5,4 milliards de dirhams dont 4,6 milliards de dirhams au titre de l'Eurobond de 2003 ;
- Les institutions internationales ont remboursé 33% ou 4,4 milliards de dirhams dont 2 milliards de dirhams pour la Banque Internationale pour la Reconstruction et le Développement ; et

• Les créanciers bilatéraux ont réglé 27% ou 3,7 milliards de dirhams dont la France qui reçu un montant de 1,5 milliards de dirhams.

2. Evaluation de la soutenabilité de la dette publique directe

La soutenabilité de la dette publique est indissociable d'une gestion macroéconomique saine. Une dette publique trop élevée freine la croissance économique en décourageant l'investissement privé, car elle alimente la perspective d'une augmentation des taux d'intérêts réels. D'un autre côté, l'accroissement du fardeau de la dette peut amener à majorer les impôts et à réduire les dépenses.

De façon générale, on pourrait soutenir que l'Etat peut emprunter massivement pour financer les dépenses qui stimulent l'activité et la croissance économique. Cependant, concernant les pays émergents, plusieurs études ont fait ressortir une corrélation négative entre la dette publique et la croissance économique. De même, la théorie économique donne peu d'indications au sujet du niveau optimal de la dette publique. Ce qui est retenu enfin comme primordial, c'est de stabiliser le ratio de la dette par rapport à l'évolution du PIB.

2.1. Analyse statistique de la dynamique de l'endettement

L'analyse statistique de la dynamique de l'endettement est une approche qui consiste à observer l'évolution du ratio de la dette en pourcentage du PIB au cours du temps. Dans cette analyse, c'est la forme de la courbe caractéristique qui est appréciée pour indiquer alors l'occurrence, potentielle ou non, de problème de paiement. Ainsi, si la pente de la courbe tend vers zéro ou vers une limite finie, nous concluons à une dynamique satisfaisante de la dette. Si par contre, la pente de la courbe est fortement croissante, la dynamique de l'endettement est dite explosive.

L'analyse statistique de la dynamique de l'endettement du Trésor est conduite en examinant les points suivants :

- La forme de la courbe d'endettement du Trésor ;
- L'encours de la dette stationnaire à long terme déduite sur une base tendancielle.

Cette analyse peut être conduite par l'examen de l'encours en % du PIB à l'instant t (d_t), en fonction de l'encours en % du PIB à l'instant t-1 (d_{t-1}), et en estimant les paramètres de l'équation ci-dessous à l'aide d'un VAR simple.

$$d_t = c_1 + c_2 \, d_{t-1}$$

Les résultats obtenus montrent une limite finie de l'encours de la dette du Trésor à 60% du PIB. La pente de cette droite indique alors le cas d'une dynamique satisfaisante puisque sa pente est égale à 0,75. En plus, nous pouvons vérifier la stabilité de cet équilibre.

2.2. Analyse économique de la dynamique d'endettement

Une approche, que l'on peut qualifier d'économique, peut être utilisée pour évaluer la soutenabilité de la dette. Elle est qualifiée ainsi parce qu'elle retient trois principales variables du modèle macroéconomique de soutenabilité de la dette (voir annexe 1).

Ces variables sont : le taux d'intérêt implicite réel, le taux de croissance économique réel et le solde budgétaire primaire exprimé en % du PIB. Cependant, d'autres variables peuvent expliquer la dynamique de la dette, variables ayant un caractère « *qualitatif* », comme la capacité de gestion de la dette, non captées par ce cadre d'analyse.

L'analyse du ratio de la dette repose sur l'examen de trois questions fondamentales :

(i) est-ce que le ratio dette /PIB est excessif par rapport au ratio de référence établi à la croissance économique du pays ?

(ii) est-ce que le solde budgétaire primaire (solde avant paiement des intérêts de la dette publique) produit par la présente politique budgétaire permet de stabiliser le ratio dette publique/PIB ?

(iii) existe-il une corrélation positive entre le solde budgétaire primaire et la dette publique qui laisse à penser que les autorités publiques s'efforcent d'assainir les finances publiques afin que le niveau de la dette publique demeure soutenable ?

Premièrement, l'excédent primaire moyen, la croissance du PIB réel et le taux d'intérêt réel implicite sur la dette publique directe au cours des huit dernières années suggèrent un seuil critique de 74% du PIB.

Pour calculer ce seuil, nous avons utilisé le solde budgétaire primaire moyen de 1,31% du PIB, un taux de croissance du PIB réel moyen de 5,10% et un taux d'intérêt réel implicite moyen de 3,34% :

$$D = \frac{(G - R)}{(r - g)}$$

Où G, est la dépense globale, hors intérêts de la dette publique, moyenne en % du PIB ; R, est la recette ordinaire moyenne en % du PIB ; r, est le taux d'intérêt réel implicite moyen sur la dette publique ; g, est le taux de croissance du PIB réel et D, le ratio dette publique en % du PIB.

Tableau 7.5. Principales variables macroéconomiques et de cadrage analytique en %

	2001	2002	2003	2004
Recettes ordinaires en % du PIB	25,55%	19,81%	20,62%	21,03%
Dépenses globales, hors intérêts de la dette, en % du PIB	23,70%	19,98%	20,06%	20,53%
Solde budgétaire primaire (*), avec recettes de privatisation, en % du PIB	1,84%	-0,17%	0,56%	0,49%
Taux de croissance économiques réels	7,60%	3,30%	6,10%	5,40%
Taux d'intérêts implicites nominaux de la dette publique	6,57%	5,97%	5,30%	5,32%
Taux d'intérêts implicites réels de la dette publique (**)	5,97%	3,17%	4,10%	3,82%
Taux d'inflation	0,60%	2,80%	1,20%	1,50%

Tableau 7.6. Principales variables macroéconomiques et de cadrage analytique en % (suite)

	2005	2006	2007	2008
Recettes ordinaires en % du PIB	22,66%	23,02%	25,39%	26,86%
Dépenses globales, hors intérêts de la dette, en % du PIB	25,70%	22,54%	24,18%	27,26%
Solde budgétaire primaire, avec recettes de privatisation, en % du PIB	-0,63%	1,62%	3,52%	3,28%
Taux de croissance économiques réels	2,4%	7,8%	2,7%	5,6%
Taux d'intérêts implicites nominaux de la dette publique	5,66%	5,08%	5,39%	4,72%
Taux d'intérêts implicites réels de la dette publique	3,66%	3,58%	1,59%	0,82%
Taux d'inflation	2,00%	1,50%	3,80%	3,90%

Eu égard à ces facteurs déterminants de la dynamique de l'endettement (solde budgétaire primaire, taux d'intérêt réel et taux de croissance économique), nous constatons, dans le contexte marocain, que ces trois facteurs ont connu une évolution favorable, durant au moins les huit dernières années, pour les raisons suivantes :

(i) L'encaissement des recettes importantes au titre des privatisations depuis 1999 ont amélioré les soldes budgétaires primaires et ont, pour conséquence, une aisance de trésorerie publique. Il faut souligner aussi, de façon nette, le renforcement de l'efficacité des politiques et de l'administration fiscales qui c'était traduites par l'accélération du recouvrement des recettes fiscales depuis 2005 et une amélioration des soldes budgétaires primaires.

(ii) La baisse continue des taux d'intérêts nominaux, payés à la fois sur la dette intérieure et extérieure, sous l'effet de la sur-liquidité bancaire induite par les transferts importants des travailleurs marocains résidents à l'étranger. On peut estimer que la sur-liquidité a été bien gérée par Bank Al-Maghrib puisque l'inflation a été contenue dans des limites satisfaisantes ; et

(iii) Le réajustement à la hausse du PIB, suite à la refonte du système de comptabilité nationale et qui s'est traduit par une révision à la hausse de 12,3%, en moyenne par an, de la valeur du PIB aux prix courants. Cette réévaluation a affecté positivement l'ensemble des agrégats macroéconomiques, en particulier ceux de la dette publique.

Deuxièmement, les données économétriques démontrent qu'il existe une relation positive significative entre le solde budgétaire primaire et le ratio de la dette publique.

Cependant, nous constatons un facteur de risque lié aux dettes intérieure et extérieure garantie aux établissements publics et aux institutions financières. La dette garantie n'a cessé d'augmenter depuis 2001. Cette garantie de l'Etat implique l'inscription des dotations budgétaires dans le chapitre des charges communes d'investissement de l'ordre de 2,0 milliards de dirhams comme moyenne annuelle pour prendre en charge la dette des établissements publics généralement en difficulté.

Par ailleurs, en considérant l'encours de la dette publique sur les actifs du secteur bancaire, le Maroc se plaçait en 3ème position après l'Algérie et la Grèce (FMI, 2004).

Du fait que la dette publique du Maroc demeure soutenable, il convient de rappeler le relèvement de la note accordée à notre pays par l'agence de notation Standard & Poor's qui a modifié les perspectives de la notation BB+, de « *stables* » à « *positives* ». Cette note situe le Maroc, à l'instar de celle de Moody's, à un niveau juste en-deçà de l'«*investment grade*». Il convient de noter aussi que l'Agence de notation Moody's a établi, cette année, un rapport favorable sur la perception du risque Maroc et a fait savoir que la note pourrait être améliorée si la tendance des réformes se poursuit à moyen terme. A l'inverse, l'agence internationale Fitch Ratings a confirmé le niveau de notation « *Investment grade* » attribué au Royaume du Maroc avec une perspective stable, et ce le 14 septembre 2009.

RÉFÉRENCES BIBLIOGRAPHIQUES

Chalk. N. and Hemming. R (2000)," *Assessing fiscal sustainibility in theory and in practice*" IMF paper WP/00/81.

Coeuré B. (2005) "*L'agence France Trésor, quatre ans après* " dans Revue française des finances publiques, numéro spécial « réforme de Bercy ».

Direction Générale du Trésor et de la Politique Economique, Ministère des Finances Français, (2006) "*Une modélisation analytique des stratégies d'endettement de l'État*". In Diagnostics, Prévisions et Analyses Économiques

Direction du Trésor et des Finances Extérieures, *Rapport sur la dette intérieure en 2008.*

Direction du Trésor et des Finances Extérieures, *Rapport sur la dette extérieure en 2008.*

Direction du Trésor et des Finances Extérieures, *Statistiques de la dette extérieure publique*, mars 2009.

Diverses interviews de Chorfi Z., Directeur du Trésor et des Finances Extérieures. L'économiste du 15 novembre 2006.

International Monetary Fund (2002), "*Assessing sustainability*". SM /02/166.

Sarr, A.(2004) "*Assessing the Sustainability of Public Debt in Morocco*". Selected Issues. Country Report n° 04/164. IMF, Washington, D.C.

Chapitre 8

Financement public du secteur de l'éducation au Maroc. Une analyse en EGC dynamique

L'impact négatif de la politique d'ajustement structurel sur les secteurs sociaux, mise en œuvre en 1983, a contraint les pouvoirs publics à mettre en place une nouvelle politique qui accorde, de plus en plus, l'importance aux secteurs sociaux, en particulier le secteur de l'éducation. En outre, le constat majeur, qui ressort de l'analyse de l'état de développement social au Maroc, est l'analphabétisme et la mortalité maternelle encore trop élevés.

Des priorités sont actuellement affirmées par le Gouvernement qui réorientent les dépenses de l'État vers des dépenses qualifiées d'avenir : l'éducation nationale et l'enseignement supérieur dont les salaires absorbent 45,1% de la masse salariale et 31,5% des dépenses de fonctionnement total. Quant à l'investissement, la part de l'éducation nationale est de 11,7% dans les dépenses d'investissement total.

Aussi est-il que l'étude, de l'impact des politiques éducatives et les modalités de leurs financements, est actuellement au cœur des préoccupations de l'administration, des politiques et des chercheurs au Maroc. Il s'agit de concevoir une politique budgétaire et financière permettant de réaliser les objectifs de développement en matière d'éducation.

Du moment que le choix du mode de financement du secteur de l'éducation exerce des effets sur les variables économiques, l'utilisation d'une approche, en terme d'équilibre général calculable dans sa version dynamique, semble être la meilleure approche.

Deux scénarios ont été envisagés dans ce modèle. Le premier permet d'apprécier le taux brut de scolarisation complète à l'horizon 2015 durant un cycle éducatif partant des données de l'année de base relatives à l'année 2005 (scénario de base). Le second scénario, plus réaliste, intègre, en outre, l'effet des mesures budgétaires et financières décidées dans le cadre du Plan d'Urgence National 2009-2012.

L'analyse de ces deux principaux scénarios sera conduite en faisant des arbitrages entre les différentes modalités de financement de l'éducation.

Pour examiner ces divers aspects, le présent chapitre sera organisé comme suit : le premier point présentera le secteur de l'éducation. Le second portera sur le cadre d'analyse. Le troisième présentera le modèle de base. Enfin, le dernier point abordera le calibrage, les scénarios et la formulation des simulations ainsi que les résultats du modèle.

1. Présentation du secteur de l'éducation

A partir du début des années 80, le système éducatif marocain est entré dans une phase de crise dont les symptômes les plus patents sont : les déperditions scolaires, le chômage des diplômés de l'université, la faiblesse des apprentissages fondamentaux (lecture, écriture, calcul, langues, communication). En dépit, et parfois à cause, d'une série de réformes, le plus souvent inachevées, le système éducatif est devenu une lourde machine peu rentable. Il a fini par produire une école à plusieurs vitesses, dont les performances se dégradent au fur et à mesure que l'on s'éloigne des centres des grandes agglomérations urbaines.

En 1999, un ambitieux projet consensuel, de rénovation du système d'éducation et de formation, a été consacré dans une charte nationale. L'éducation a été, depuis, déclarée première priorité nationale après l'intégrité territoriale.

Au-delà de l'effort qui a, en fait, bénéficié beaucoup plus au cycle secondaire collégial, étant le seul des trois cycles qui a connu une augmentation du coût par élève en dirhams, les performances réalisées restent encore loin des objectifs fixés par la réforme. Les objectifs de généralisation de la scolarisation, aux enfants âgés de six ans en septembre 2002 et de l'enseignement préscolaire prévu en 2004, n'ont pas été atteints. De plus, l'amélioration quantitative s'est faite au détriment de la qualité.

Par ailleurs, la mise en œuvre des recommandations de la charte d'éducation et de formation demeure encore handicapée par les problèmes de coordination, de financement et de la faible participation du secteur privé et de la société civile à l'effort de scolarisation.

Deux évaluations de la réforme ont été réalisées. La première, en 2005, par la Commission Spéciale de l'Education et de la Formation (COSEF) et la seconde, en 2008, par le Conseil Supérieur de l'Enseignement. Les résultats de ces investigations ont fait ressortir une amélioration sensible des niveaux de scolarisation, de la rétention et de l'alphabétisation.

Il faut noter que notre pays consacre d'importantes ressources financières au système éducatif comparativement à beaucoup de pays en développement. Si nous comparons la situation du Maroc à celle d'un pays arabe comme la Syrie, nous constatons que le taux global d'abandon au niveau du cycle primaire au Maroc est environ 3,8 fois supérieur à celui de la Syrie, alors que cette dernière consacre moins de ressources à son système éducatif.

A ce jour, des efforts importants ont été consentis, mais les résultats obtenus demeurent encore insuffisants par rapport aux objectifs tracés. Des progrès quantitatifs indéniables ont été réalisés en matière de généralisation de la scolarisation et des chantiers ont été ouverts, couvrant aussi bien les aspects pédagogiques que la déconcentration et les modes de gestion.

Tableau 8.1. Dépenses de fonctionnement par département ministériel, en MMDH et en %

	Salaires en MMDH	Matériel * En MMDH	Fonctionnement En %
Ministère de l'Education Nationale	36,3	6,8	31,5%
Ministère de la Santé	5,8	2,9	6,3%
Ministère du Tourisme	0,2	0,1	0,2%
Ministère de la Jeunesse	0,4	0,2	0,4%
Ministère de la Culture	0,2	0,1	0,2%
Ministère de l'Emploi	0,2	0,5	0,5%
Ministère de la Famille	0,0	0,3	0,3%
Total budget général	**80,5**	**27,2**	**100,0%**

* Hors charges communes de fonctionnement du Ministère des Finances.

Tableau 8.2. Dépenses d'investissement par département ministériel, en MMDH et en %

	Investissement en MMDH *	Investissement en %
Ministère de l'Education Nationale	6,3	5,2%
Ministère de la Santé	1,8	11,7%
Ministère du Tourisme	0,9	3,3%
Ministère de la Jeunesse	0,9	10,3%
Ministère de la Culture	0,2	1,7%
Ministère de l'Emploi	0,5	9,2%
Ministère de la Famille	0,3	5,2%
Total budget général	**39,6**	**100,0%**

* Hors charges communes d'investissement du Ministère des Finances.

Concernant le financement des dépenses d'éducation par sous secteur, au vu des statistiques disponibles, l'État marocain finance, pour l'essentiel, le secteur de l'éducation. Le financement extérieur dans le cadre des coopérations bilatérales, multilatérales et des participations privées concerne davantage les investissements. Le secteur privé et les organisations non gouvernementales, quant à eux, sont plus actifs dans l'enseignement préscolaire, l'alphabétisation et l'éducation non formelle.

Tableau 8.3. Contributions au financement du secteur éducatif (2003-2004)

Catégorie	Financeur	Montants en MMDH	Parts en %
Fonds publics	DEN	24,4	98,9
	Autres départements ministériels	0,2	0,7
	Collectivités locales	0,1	0,4
	Sous total 1	**24,7**	**98,7 %**
Fonds privés	Promoteurs privés	0,0	3,8
	ONG internes (APTE comprises)	0,2	60,7
	Ménages	0,1	35,5
	Sous total 2	**0,3**	**1,1 %**
Reste du monde	Coopération multi/bilatérale	0,0	86,8
	ONG externes	0,0	13,2
	Sous total 3	0,0	**0,2 %**
Total général		24,9	25,0

Source: Chedati, B. (2007)

A l'unanimité, il est admis que la qualité de l'enseignement est largement tributaire des moyens utilisés dans l'apprentissage.

Tableau 8.4. Evolution du budget d'investissement et de fonctionnement en MMDH (Enseignement et formation)

	2005	2006	2007
Budget d'investissement			
Education Nationale	1,4	1,5	1,8
Enseignement Supérieur	0,4	0,6	0,7
Formation Professionnelle	0,2	0,2	0,2
Total (1)	2,0	2,3	2,7
Budget de l'Etat (2)	19,0	20,6	26,0
(1)/(2) en %	**10,3**	**11,2**	**10,3**
Budget de fonctionnement			
Education Nationale	24,5	24,8	27,0
Enseignement Supérieur	4,8	4,8	4,8
Formation Professionnelle	0,3	0,3	0,3
Total (3)	29,6	29,9	32,1
Budget de l'Etat (4)	101,6	100,9	109,6
(3)/(4) en %	**29,2**	**29,7**	**29,3**

Source : Morasses budgétaires

Aujourd'hui, partant de l'évaluation des résultats par rapport aux objectifs de la réforme issue de la charte de l'éducation et de la formation, les pouvoirs publics ont élaboré un plan d'urgence pour activer la mise en œuvre de la charte d'éducation et de formation. Ce plan s'articule autour de quatre principaux axes :

- La consolidation de la généralisation de l'enseignement ;
- L'amélioration continue de la qualité de l'enseignement ;
- L'affermissement de la modernisation de la gouvernance à tous les niveaux ;
- Le développement d'une gestion stratégique des ressources humaines performantes.

Ainsi, le plan d'urgence porte sur un ensemble cohérent d'actions ciblées, prioritaires et fondamentales, visant essentiellement à rattraper les retards constatés dans la mise en œuvre de la Charte Nationale de l'Education et de la Formation. Il contribuerait à assurer le développement harmonieux des sous-systèmes éducatifs, ainsi que la couverture de ses priorités dans ses secteurs vitaux. Ce plan d'urgence constituerait, en fait, la véritable feuille de route des principales actions et opérations du département de l'enseignement au cours des prochaines années.

Les indicateurs du secteur de l'éducation devraient s'améliorer, en conséquence, suite à la budgétisation en projet de loi de finances de 2009 et 2010 et suivant des mesures décidées dans le cadre du Plan d'Urgence National 2009-2012.

2. Cadre d'analyse

Sur le plan théorique, le débat sur les différents aspects de l'éducation est toujours ouvert. Ce secteur est néanmoins considéré comme une source stimulante de l'activité économique et son financement a fait l'objet, depuis une trentaine d'années, d'une large littérature.

2.1. Revue de littérature

Les fondements théoriques de l'économie de l'éducation se trouvent dans les travaux de Schultz (1960) et de Becker (1964). Etant donné l'importance de l'apport public dans le financement de l'éducation, ces travaux se sont attachés à analyser la rationalité et l'optimisation financières de l'intervention publique. La diversité des approches rend, cependant, malaisé le choix d'un cadre d'analyse particulier.

Ce n'est qu'à partir des années 60 que ce domaine a connu des investigations systématiques portant sur tous les aspects économiques de l'éducation, depuis la demande privée et collective (Schultz, 1960, Becker, 1964 et Mincer, 1975) jusqu'aux fonctions de production (Gyimah, 1991, Montmarquette et Mahseredjian, 1987). La théorie du capital humain définit celui-ci comme l'ensemble des "capacités économiques" d'un individu. Ces capacités dépendent, en plus des caractéristiques innées, de l'éducation, de la formation au travail, de la santé et de la migration (Schultz, 1960).

Le champ de l'économie de l'éducation a été fortement influencé par les travaux pionniers de Mincer (1974) sur les rendements de l'éducation et sur les implications de ceux-ci sur la distribution et la redistribution des revenus. Le modèle économétrique de Mincer (1975), a entraîné la production d'une multitude d'études utilisant des méthodes économétriques toujours plus sophistiquées.

Les thèmes liés à l'économie de l'éducation sont, d'ailleurs, à l'origine même du développement de plusieurs techniques micro économétriques. Chen (1988) propose une application intéressante de ces méthodes économétriques à la problématique du risque associé à l'investissement en capital humain.

La littérature récente insiste également sur l'importance de l'aspect intertemporel des choix scolaires. En effet, de telles décisions impliquent généralement un choix entre un gain relativement certain aujourd'hui et une espérance de gain dans l'avenir, laquelle dépend, à son tour, des choix scolaires eux-mêmes. Belzil et Hansen (2002) utilisent un modèle dynamique avec agents hétérogènes et parfaitement rationnels afin d'étudier les déterminants des choix « *école/travail* » des individus.

En outre, dans un contexte où les investissements individuels en éducation présentent des rendements variables et incertains, comment les Gouvernements peuvent-ils intervenir pour accroître le niveau d'éducation et les compétences de la population ? La littérature sur l'économie de l'éducation fournit des indications en ce sens et ce, au sujet de plusieurs dimensions des politiques en matière d'éducation : le financement et l'accès aux études (Heckman et al., Carneiro et al. Lee, Sauer, Buchinsky et Leslie), les mesures pour contrer l'abandon scolaire (Dagenais et al., Belzil et Hansen), le rôle de la taxation (Heckman et al.) et les «*bons d'éducation* » ou « *vouchers* » (Ferreyra).

2.2. Champ d'intérêt des organismes internationaux

Divers organismes internationaux s'intéressent, directement ou indirectement, à la question de l'éducation dans le cadre de ce qui est appelé « les Objectifs du Millénaire pour le Développement ». Nous pouvons citer, à ce titre, des organismes comme le Programme des Nations Unies pour le Développement (PNUD), la Banque Mondiale (BM), l'Agence Américaine Pour le Développement International (USAID) et la Commission Economique pour l'Afrique du Nord (CEA).

Concernant le PNUD, l'évaluation des stratégies de développement s'inscrit dans le cadre de son programme global « OMD, Région arabe/Pauvreté ». Le PNUD a lancé, dans cinq pays arabes, au niveau régional, une approche par étapes au cours de son cycle de programmation régionale de 2006-2009. Ce programme vise à évaluer et à recommander diverses options stratégiques qui permettraient de réaliser des objectifs de développement dans des délais raisonnables.

Dans ce cadre, il y a lieu de citer l'élaboration du modèle MAMS par la Banque Mondiale qui a pour objectif de mesurer l'impact de l'accroissement des dépenses sociales dans la réalisation des Objectifs du Millénaire pour le Développement (Bourguigon et al. 2004, Lofgren et al. 2006).

3. Modèle de base

Sur le plan des outils d'approche et d'analyse des impacts des différentes politiques économiques, il est reconnu, depuis plusieurs années, que la simulation quantitative des effets n'est adéquatement faite qu'à travers des modèles calculables d'équilibre général.

3.1. Comportement de l'Etat

Le comportement des pouvoirs publics n'est pas explicitement modélisé[20]. Nous faisons apparaître les budgets de fonctionnement et d'investissement des trois secteurs d'éducation publique (primaire, secondaire et supérieur).

3.1.1. Le revenu de l'Etat

Du côté des recettes, l'Etat se contente de lever quatre types d'impôts : la TVA, l'impôt sur le revenu des facteurs de production, l'impôt sur le revenu des institutions, les droits d'importation et les autres taxes.

[20] Dans le sens où les pouvoirs publics ne présentent pas un comportement optimisateur.

$$YG_t = \sum tins_{i,t}.yi_{i,t} + \sum tf_{f,t}.YF_{f,t} + \sum ta_{at}.PA_{at}.QA_{at} +$$

$$\begin{bmatrix} \text{Recettes} \\ \text{de l'Etat} \end{bmatrix} = \begin{bmatrix} \text{Taxes directs} \\ \text{des institutions} \end{bmatrix} + \begin{bmatrix} \text{Taxes indirects} \\ \text{des facteurs} \end{bmatrix} + \begin{bmatrix} \text{Taxes sur} \\ \text{les activités} \end{bmatrix} +$$

$$\sum tva_{a,t}.PVA_{a,t}.QVA_{a,t} + \sum tm_{c,t}.pwm_{c,t}.QM_{c,t}.CHR_t + \sum tq_{c,t}.PQ_{c,t}.QQ_{c,t} +$$

$$\begin{bmatrix} \text{Taxes sur} \\ \text{la valeur ajoutée} \end{bmatrix} + \begin{bmatrix} \text{Droits} \\ \text{d'importation} \end{bmatrix} + \begin{bmatrix} \text{Autres taxes} \\ \text{indirects} \end{bmatrix} +$$

$$\sum YIF_{gov,f,t} + \sum TRGID_{gov,i,t} + TRGRM_{gov,rm,t}.CHR_t$$

$$\begin{bmatrix} \text{Revenus} \\ \text{des facteurs} \end{bmatrix} + \begin{bmatrix} \text{Transferts des} \\ \text{institutions domestiques} \end{bmatrix} + \begin{bmatrix} \text{Transferts du reste du monde} \\ \text{exprimés en monnaie locale} \end{bmatrix}$$

3.1.2. Les dépenses courantes de l'Etat

Le produit des impôts et des transferts publics sert à financer les différentes catégories des dépenses comme suit :

$$DG_t = \sum PQ_{c,t}.CG_{c,t} + \sum TRGID_{i,gov,t}.\overline{CPI_t} +$$

$$\begin{bmatrix} \text{Dépenses} \\ \text{de l'Etat} \end{bmatrix} = \begin{bmatrix} \text{Consommation} \\ \text{publique} \end{bmatrix} + \begin{bmatrix} \text{Transferts vers les institutions} \\ \text{domestiques hors ménages} \end{bmatrix} +$$

$$\sum TRGID_{h,gov,t}.POP_{h,t}.CPI_t + TRGRM_{rm,gov,t}.CHR_t +$$

$$\begin{bmatrix} \text{Transferts vers les} \\ \text{institutions domestiques} \end{bmatrix} + \begin{bmatrix} \text{Transferts vers le reste} \\ \text{du monde en monnaie locale} \end{bmatrix}$$

$$\sum_{i \in ins} t\text{int}\,\text{int}_{i,t}.EDETINT_{i,t} + t\text{int}\,ext_{gov,t}.EDETEXT_{gov,t}.CHR_t$$

$$\begin{bmatrix} Paiements\ des\ intérêts\ sur \\ l'encours\ de\ la\ dette\ intérieure \end{bmatrix} + \begin{bmatrix} Paiements\ des\ intérêts\ sur \\ l'encours\ de\ la\ dette\ extérieure \\ en\ monnaie\ locale \end{bmatrix}$$

3.1.3. Consommation publique

Le budget de l'éducation est formalisé en considérant les trois niveaux : le primaire, le secondaire et le tertiaire.

$$CG_{c,t} = CG_{c,t-1}.(1+\overline{CGRCT}_{c,t})$$

$$\begin{bmatrix} Consommation\ du \\ gouvernement\ du\ cycle\ c \\ à\ l'instant\ t \end{bmatrix} = \begin{bmatrix} Consommation\ du \\ gouvernement\ du\ cycle\ c \\ à\ l'instant\ t\text{-}1 \text{ x } taux \\ d'accroissement \end{bmatrix}$$

3.1.4. Financement de l'investissement public

Les modalités du financement de l'investissement public se présente comme suit :

$$INVVAL_{gov,t} = SG_t - \sum_{c \in C} PQ_{c,t}.qdst_{c,gov,t} + \overline{DGBONDTOT}_t +$$

$$\begin{bmatrix} Valeur\ de\ l'investisment \\ public\ fixée \end{bmatrix} = \begin{bmatrix} Epargne\ du \\ gouvernement \end{bmatrix} - \begin{bmatrix} Dépense\ sur \\ le\ stock\ de\ change \end{bmatrix} +$$

$$\begin{bmatrix} Variation\ totale\ des\ bons \\ de\ Trésor\ de\ l'Etat \end{bmatrix}$$

$$\overline{AVANCBC}_t + (\overline{TIRAG}_{gov,t} + \overline{DONS}_{gov,t}).CHR_t$$

$$\begin{bmatrix} Emprunts\ du\ gouvernement \\ auprès\ de\ la\ Banque\ centrale \end{bmatrix} + \begin{bmatrix} Tirages\ extérieurs\ et\ dons \\ étrangers\ en\ monnaie\ locale \end{bmatrix}$$

3.2. Comportements des écoliers

L'objectif, en matière d'éducation nationale, consiste à assurer l'éducation pour tous et l'achèvement de la scolarité, essentiellement au niveau du primaire. Autrement dit, il est souhaitable que, d'ici l'année 2015, les enfants achèvent un cycle complet d'études primaires avec succès, ce qui est équivalent à un taux de scolarisation net proche ou égal à 100%.

Les indicateurs essentiels retenus pour le suivi de cet objectif sont : (i) le taux brut de scolarisation dans le primaire et (ii) la proportion d'écoliers commençant la première année d'études dans l'enseignement primaire et achevant la sixième.

Au Maroc, hors mesures, sur les 77% des élèves inscrits en 2000, le taux d'achèvement est de seulement 20% en 2005. Hors mesures, ce taux d'achèvement de la scolarité ne serait que de 45% en 2015. La prise en compte des effets des mesures inscrites dans le cadre du Plan d'Urgence National 2009-2012 améliorerait ce taux à 65% à l'horizon 2015.

Ainsi, en considérant que le système éducatif est composé de C cycles, au sein de chaque cycle les élèves peuvent avoir huit comportements possibles : (i) l'entrée à la première année d'études primaires (entrpap), (ii) la réussite (reuss), (iii) l'obtention du diplôme et la poursuite des études (dippours), (iv) le redoublement (red), (v) l'abandon des études (aband), (vi) l'obtention de diplôme et l'abandon des études au cycle suivant (dipaband), (vii) l'obtention d'un diplôme du dernier cycle d'études (dipcycl) et (viii) la réussite au sein du même cycle sans avoir de diplôme (reusssdip).

Tableau 8.5. Parts des différents comportements des écoliers par cyle entre 2000 et 2005

Comp	Niveau	2000	2001	2002	2003	2004	2005
Entrpap	**Primaire**	0,77	0,77	0,77	0,77	0,77	0,77
Reuss	**Primaire**	0,80	0,80	0,80	0,80	0,80	0,80
Reuss	**Secondaire**	0,69	0,68	0,68	0,48	0,43	0,45
Reuss	**Supérieur**	0,40	0,40	0,40	0,40	0,40	0,40
Dippours	**Primaire**	0,81	0,84	0,88	0,80	0,81	0,82
Dippours	**Secondaire**	0,81	0,84	0,88	0,80	0,81	0,82
Dippours	**Supérieur**	0,60	0,60	0,60	0,60	0,60	0,60
Dipaband	**Primaire**	0,19	0,16	0,12	0,20	0,19	0,18
Dipaband	**Secondaire**	0,19	0,16	0,12	0,20	0,19	0,18
Dipaband	**Supérieur**	0,40	0,40	0,40	0,40	0,40	0,40
Red	**Primaire**	0,14	0,14	0,15	0,14	0,13	0,13
Red	**Secondaire**	0,19	0,16	0,12	0,20	0,19	0,18
Red	**Supérieur**	0,40	0,40	0,40	0,40	0,40	0,40
Aband	**Primaire**	0,06	0,06	0,05	0,06	0,07	0,07
Aband	**Secondaire**	0,12	0,16	0,19	0,32	0,38	0,37
Aband	**Supérieur**	0,20	0,20	0,20	0,20	0,20	0,20

Source : Département de l'Enseignement Scolaire

Trois comportements sont supposés être régis par des fonctions logit : le passage d'une classe à la suivante au sein d'un même cycle (reuss), le passage d'un cycle au cycle suivant (reusspours) et l'entrée au premier cycle d'études (entrpap).

La part des écoliers ayant un comportement (comp), dans le cycle (c) à la date t est noté $Part_{educ(comp,c,t)}$ est supposée être régie par la fonction suivante :

$$Part_{educ(comp,c,t)} = ext_{educ(comp,c)} + \frac{\alpha_{educ(comp,c)}}{1+\gamma_{educ(comp,c)} \exp(\beta_{educ(comp,c)}(Part_{educint(comp,c,t)} - Part_{educ(comp,c,t_0)})}$$

$$\left[\begin{array}{c} Comportement\ de\ l'étudiant : \\ comp \end{array}\right] = \left[\begin{array}{c} Fonction\ logistic\ de\ la\ variable \\ de\ comportement\ intermédiaire \\ Part_{educint(b,comp,t)} \end{array}\right]$$

Avec $ext_{educ(comp,c)}$ la part maximale d'élèves avec le comportement (comp) dans le cycle c observé dans le monde, $Part_{educ(comp,c,t_o)}$ représente la part maximale d'élèves avec le comportement (comp) dans le cycle c à l'année de base, $\alpha_{educ(comp,c)}, \beta_{educ(comp,c)}, \gamma_{educ(comp,c)}$ des paramètres calibrés et $Part_{educ(comp,c,t)}$ une variable intermédiaire définie par l'équation :

$$Part_{educ(comp,c,t)} = Part_{educ(comp,c,t_o)} \left[Qual_{educ(c,t)} \right]^{\eta_{Qualeduc}} x$$

$$\left[\frac{prim(c_2,t)}{prim(c_1,t)} \right]^{\eta_{sal\_prem1}} \left[\frac{prim(c_2,t)}{prim(c_1,t)} \right]^{\eta_{prim\_prem1}} \left[cfh(t) \right]^{\eta_{ch}} x$$

$$\left[od\_val(od_{mort\inf}, t) \right]^{\varphi_{sant}} \left[\sum educ\_\inf(i,t) \right]^{\varphi_{educ\_\inf}}$$

$Qual_{educ(c,t)}$ est une variable indicatrice de la qualité de l'éducation. Elle est mesurée par le ratio dépenses publiques par cycle d'éducation $ne(c,t)$ et par nombre d'élèves dans ce cycle $EE(c,t), Qual_{educ(c,t)}$ comme suit :

$$Qual_{educ(c,t)} = \frac{ne(c,t)}{EE(c,t)} \left[\frac{ne(c,t_o)}{EE(c,t_o)} \right]^{-1}$$

Où $prim(c_1,t), prim(c_2,t), prim(c_3,t)$ sont les niveaux des salaires des individus qui quittent le système éducatif respectivement au cours du cycle primaire, secondaire et supérieur, $od\_val(od_{mort\inf}, t)$ est la valeur l'indicateur relatif à la mortalité infantile à la date t. $educ\_\inf(i,t)$ est le niveau de consommation par tête au prix courant.

$\eta_{Qualeduc}, \eta_{prim\_prem1}, \eta_{prim\_prem2}, \varphi_{sant}, \eta_{ch}$ sont des élasticités de $Part_{educ}$ par rapport respectivement à la qualité de l'éducation, le niveau de la mortalité infantile, l'investissement dans le secteur éducatif et la consommation par tête.

Les trois autres comportements possibles sont : soit les élèves réussissent les examens de passage (reuss), soit ils redoublent (red) ou ils quittent le système éducatif (aband) à chaque année et au sein de chaque cycle, Si nous supposons que la part des redoublants et des expulsés reste constante au cours du temps, la part de chacune des deux catégories est alors donnée par :

$$Part_{educ(abond,c,t)} = (1 - Part_{educ(reuss,c)})x \frac{Part_{educ(red,c,t_o)}}{Part_{educ(red,c,t_o)} + Part_{educ(red,c,t_o)}}$$

$$Part_{educ(red,c,t)} = (1 - Part_{educ(reuss,c,t)})x \frac{Part_{educ(red,c,t_o)}}{Part_{educ(red,c,t_o)} + Part_{educ(abond,c,t_o)}}$$

Pour les élèves diplômés, deux cas de figure sont possibles : ou bien ils passent au cycle suivant (dippours) ou bien ils quittent le système éducatif pour s'insérer sur le marché du travail (dipaband). De ce fait, la part des élèves qui quittent le système éducatif est donné par :

$$Part_{educ(dipabond)} = 1 - Part_{educ(dippours(c,t))}$$

L'effectif des élèves au sein de chaque cycle se définit alors par :

$$EE(c,t) = EE^{nouv}(c,t) + EE^{anc}(c,t)$$

Avec $E^{nouv}(c,t)$ l'effectif des nouveaux élèves dans le cycle c à la date t. Ce nombre est donné par :

$$EE^{nouv}(c,t) = \sum_{c'} \delta_{c,c'} Part_{educ(necont,c't-1)} . N(c',t-1) +$$

$$Part_{educ(entrpap,c',t-1)} pop(6,t) + extra(c,t)$$

Avec $\delta_{c,c'}$ vaut 1 si les cycles c et c' se succèdent et 0 sinon. $pop(6,t)$ est la taille de la population en âge d'entrer à l'école.

$extra(c,t)$ est la population qui entre au cycle c en dehors du système scolaire (cours d'alphabétisation par exemple).

$EE^{anc}(c,t)$ est le nombre d'étudiants du cycle c à la date t et qui étaient au même cycle à la période précédente. Cette population est définie par :

$$EE^{anc}(c,t) = Part_{educ(pourscycl,c,t)} EE(c,t-1) + Part_{educ(red,c,t-1)} EE(c,t-1)$$

$Part_{educ(pourscycl,c,t-1)}$ est la part de ceux qui ont réussi mais qui n'ont pas encore eu leurs diplômes. Cette part est la différence entre la part des élèves qui ont réussi, soit $Part_{educ(reuss,c,t)}$ et la part des élèves qui ont obtenu leurs diplômes, soit $Part_{educ(reusscycl,c,t)}$.

Avec : $Part_{educ(pourscycl,c,t)} = Part_{educ(reuss,c,t)} - Part_{educ(reusscycl,c,t)}$

La part des diplômés est définie comme étant :

$$Part_{educ(pourscycl,c,t)} = \frac{Part_{educ(reuss,c,t)}}{NA(c)}$$

$NA(c)$ est le nombre d'année d'étude au sein de chaque cycle.

Le nombre d'années d'études du premier cycle de l'enseignement primaire peut varier d'un pays à un autre. S'il est noté T, la valeur de l'objectif du développement en matière d'éducation peut s'écrire :

$$Valoeduc_{(oeduc,t)} = Part_{educ(entrpap,educpl,t-T)} x \prod_{t'}^{T} Part_{educ(entrpap,educp1,t-t')}$$

4. Calibrage, espace budgétaire et financier et scénarios

Le cadre comptable du modèle est fourni par la matrice de comptabilité sociale de l'économie marocaine construite à partir des données du TES de 2005.

En effet, la structure de la matrice, en particulier les catégories spécifiques du facteur travail, les catégories de ménages identifiés, la classification et la désagrégation des branches de production et les produits associés et l'investissement par produit, a nécessité l'utilisation d'une variété de données statistiques et plusieurs moyens d'ajustements.

De plus, plusieurs documents des directions du Haut Commissariat au Plan et d'autres départements ministériels ont été utilisés, notamment :

• Le tableau des comptes économiques intégrés du Haut Commissariat au Plan, année 2005;

• Le tableau des ressources et des emplois du Haut Commissariat au Plan, année 2005;

• Les comptes nationaux de l'éducation nationale du Ministère de l'Education Nationale.

Au total, 14 branches ont été retenues :

• Agriculture et sylviculture ;

• Industrie alimentaire ;

• Industrie de textile ;

• Autres industries ;

• Bâtiments et Travaux Publics ;

• Services marchands ;

• Education publique primaire ;

• Education publique secondaire ;

• Education publique supérieure ;

• Education privée primaire ;

- Education privée secondaire ;
- Education privée supérieure ;
- Santé ;
- Autre services non marchands.

4.1. Calibrage

Pour des raisons de brièveté, nous ne décrirons pas l'ensemble des opérations réalisées à partir du TES et d'autres données macro-économiques pour construire la matrice.

Tableau 8.6. Evolution des indicateurs de l'éducation

	1990	1994	2004	2007
Taux nets de scolarisation au préscolaire (4-5 ans), (1991)				
Ensemble	40,5	39,4	50,1	59,7
Masculin	55,2	54,5	60,2	68,2
Féminin	25,1	23,6	39,6	51,0
Taux nets de scolarisation dans le primaire (6-11 ans), (1991)				
Ensemble	52,4	60,2	87,0	93,5
Masculin-urbain	77,5	84,2	91,2	95,0
Féminin-urbain	71,7	79,8	89,8	92,1
Masculin-rural	48,8	55,7	88,5	94,6
Féminin-rural	22,5	30,1	78,5	87,7
Taux nets de scolarisation dans l'enseignement secondaire collégial (12-14 ans), (1991)				
Ensemble	17,5	20,2	31,9	43,4
Masculin-urbain	39,5	43,1	51,4	65,4
Féminin-urbain	31,9	37,5	52,3	65,6
Masculin-rural	3,4	4,6	14,3	21,2
Féminin-rural	1,1	1,6	8,9	15,6
Taux d'alphabétisation de la population âgée de (15-24 ans), (1982)				
Ensemble	62,4	58,0	70,5	76,0
Masculin	78,0	71,0	80,8	84,4
Féminin	48,5	46,0	60,5	67,5

Source : Département de l'enseignement scolaire HCP (pour l'alphabétisation)

Le modèle étant dynamique, il est possible de suivre les effets intersectoriels et les effets macroéconomiques engendrés par les simulations.

Pour apprécier l'efficacité des mesures simulées, on utilise un indicateur de variation équivalente au sens de Hicks (VE) [21] par tête en pourcentage de la consommation publique par tête à l'année de base.

4.2. Espace budgétaire et financier et scénarios

Le FMI et la Banque mondiale ont définit l'espace budgétaire et financier comme la « *marge dans le budget d'un Etat qui lui permet d'allouer des ressources pour un objectif précis sans remettre en cause la soutenabilité de sa position ni la stabilité de l'économie* » (FMI, 2005) et comme le « *différentiel entre le niveau actuel de la dépense publique et le niveau maximal qu'un gouvernement peut engager sans affecter sa solvabilité* » (Banque Mondiale et FMI, 2006).

De son côté, le PNUD a défini cet espace comme les « *mesures politiques concrètes visant à renforcer la mobilisation des ressources domestiques et réformes permettant d'assurer un environnement institutionnel et économique favorable à leur mise en oeuvre efficace* » (Roy et Heuty, 2005)

L'espace budgétaire et financier se base sur quatre piliers : (i) les réallocations et l'efficacité de la dépense en éducation, (ii) les recettes du budget de l'Etat et notamment les recettes fiscales, (iii) les transferts provenant de l'extérieur sous forme de dons ou d'aides publiques au développement et, enfin, (iv) les emprunts intérieurs et extérieurs.

Au Maroc, nous rappelons qu'outre les ressources nationales, des contributions également exceptionnelles sont accordées par les

[21] Pour plus de détails sur ce point, voir Shoven et Whalley (1984) ainsi que Varian (1997).

bailleurs de fonds qui ont toujours accompagné le développement du secteur éducatif marocain.

4.1.1. Scénario de base

Le scénario de base est simulé pour définir la trajectoire de l'évolution de l'économie marocaine entre 2005 et 2015, conformément à l'hypothèse qu'aucun effort supplémentaire de politiques budgétaire n'est consenti pour atteindre les objectifs fixés en matière d'éducation. Les services publics offerts en matière d'éducation sont supposés croître selon leur sentier d'évolution passé.

En d'autres termes, à politique budgétaire inchangée, les recettes fiscales et parafiscales, les niveaux d'emprunt public ainsi que la consommation publique sont supposés fixes par rapport au PIB. L'investissement public augmenterait selon son rythme tendanciel alors que l'investissement privé s'ajusterait de telle façon à ce que l'investissement total de l'économie égalise l'épargne totale. Par contre, pour le secteur extérieur, l'hypothèse de la flexibilité du taux de change réel est adoptée.

Dans ce cas de figure, le PIB en volume croîtrait dans le scénario de base au rythme tendanciel de 4,1% par an en moyenne. L'investissement total augmenterait de 5,6% par an. Quant à l'emploi, il enregistrerait une hausse de 1,6% en moyenne annuelle, rythme inférieur à celui observé durant les années antérieures, soit 3,0%.

Les finances publiques seraient marquées, dans le scénario de base, par une dégradation de l'épargne publique de près de trois points en pourcentage du PIB en 2015. Sur le plan du financement, la maîtrise des besoins de financement du Trésor dans des proportions compatibles avec les objectifs du Gouvernement, permettrait de réduire le ratio de la dette et d'améliorer son profil. Le taux d'endettement global du Trésor par rapport au PIB passerait de 62,7% en 2005 à 58,2% en 2015. La dette publique interne serait réduite de 49,5% à 46,5% du PIB et la part de la dette publique externe de 13,2% à 11,7% du PIB.

Sur le registre de l'évolution du niveau général des prix, l'inflation appréhendée par le déflateur du PIB connaîtrait une hausse de 3,1% en moyenne annuelle durant la période 2005-2015 avec une accélération à la fin de cette période, pour atteindre 4,6% entre 2011-2015.

Le taux de change réel s'apprécierait, en conséquence, de 1,2% par an, ce qui affecterait la compétitivité des produits marocains aussi bien sur le marché domestique que sur le marché extérieur. Cependant, la consommation et l'investissement publics ne connaîtraient pas de progression significative et seraient de l'ordre de 1,5% et de 0,7% respectivement.

De même, dans le scénario de base, l'accroissement des dépenses publiques ne serait pas suffisant pour concrétiser les objectifs d'éducation à l'horizon 2015. En terme de fréquentation scolaire, l'objectif de la généralisation de l'enseignement primaire reste accessible à l'horizon 2015 en regard du niveau de la scolarisation de 88% enregistré en 2005.

En définitive, il faut dire qu'à politique inchangée, hors mesures, le Maroc n'arrivera pas à concrétiser les objectifs relatifs à l'éducation. Pour remédier à cette situation, des scénarios alternatifs de politiques publiques sont simulés.

Ces scénarios intègrent les effets de l'accroissement des dépenses publiques dans le cadre du Plan d'Urgence National 2009-2012 et leurs financements par la fiscalité, les emprunts domestiques, les emprunts externes ou les aides étrangères.

4.1.2. Scénario alternatif

L'intégration des effets des mesures budgétaires décidés dans le cadre du Plan d'Urgence National 2009-2012 améliorerait le taux d'achèvement de la scolarité pour les écoliers inscrits en 2009 à

65% au lieu de 45% atteint sur une base tendancielle, hors mesures.

La concrétisation des objectifs en matière de services d'éducation passerait par un accroissement des dépenses publiques. Au cas où l'accroissement des dépenses serait couvert par des emprunts sur le marché domestique, la dette publique interne augmenterait de 49,5% du PIB dans l'année de référence à presque 84,0% en 2015. En outre, le paiement des intérêts de la dette domestique s'accroîtrait de 2,4 points en pourcentage du PIB. Ceci traduit aussi la volonté des pouvoirs publics d'adopter une stratégie d'arbitrage en faveur des ressources internes visant à assurer le financement du Trésor.

Ainsi, l'accroissement conjugué des dépenses publiques et des intérêts de la dette se traduirait par une dégradation du solde budgétaire global de près de 4,5 points en pourcentage du PIB par rapport au scénario de base. Le recours à des emprunts domestiques pour financer les besoins de l'Etat engendrerait une légère hausse des prix par rapport au scénario de base d'environ 1,2 point.

L'investissement total par rapport au PIB ne connaîtrait aucun changement significatif. Dans ces conditions, la croissance économique serait de 4,3%, en légère hausse de 0,2 point par rapport au scénario de base. Ceci dénote d'une légère amélioration de la productivité totale des facteurs de 0,1% sous l'effet de l'accumulation du capital induit par la progression des indicateurs de développement humain.

Dans le cas où l'accroissement des dépenses budgétaires serait financé par une augmentation des impôts, directs et indirects, la détérioration de l'équilibre budgétaire et, par conséquent, l'accentuation de l'endettement intérieur, pourrait être évitée. Ainsi, la dette intérieure atteindrait 45,2% du PIB en 2015 au lieu de 49,5% en 2005.

La croissance économique s'inscrirait dans le même sentier d'augmentation que dans le cas du financement par l'emprunt domestique et serait de l'ordre de 4,3% en moyenne annuelle, avec également un fléchissement sur la période 2011-2015, soit environ 3,8% par an. Par ailleurs, l'accroissement des taux apparents de la fiscalité réduit le revenu disponible des ménages et, par conséquent, leur consommation et leur investissement.

Dans le scénario alternatif où l'accroissement des dépenses publiques serait financé par des emprunts extérieurs, l'endettement connaîtrait un sentier ascendant, soit l'inverse de sa tendance antérieure. La dette extérieure passerait de 13,2% du PIB en 2005 à 40,6% en 2015. Cependant, cette politique réduirait la pression des besoins du Trésor sur les ressources financières domestiques. La consommation et l'investissement privés devraient augmenter dans ce scénario respectivement de 6,4% et 6,5% en moyenne annuelle, au lieu d'environ 5,8% et 5,6% dans le scénario de base.

Toutefois, cette politique de financement de l'action budgétaire par des flux de capitaux en provenance de l'extérieur se traduirait par une appréciation du taux change réel de 1,5% par an au lieu de 1,2% dans le scénario de base. Ceci affaiblirait la compétitivité des produits marocains plus que dans les autres modalités de financement.

RÉFÉRENCES BIBLIOGRAPHIQUES

Bchir M. H, H. Ben Hammouda, M. A. Chemengui, (2007), "*DIVA, Un modèle d'équilibre général pour l'étude de la diversification en Afrique*". Centre africain pour les politiques commerciales Travail n° 62. Commission économique pour l'Afrique (CEA).

Bouzahzah M. D. De la Croix, F. Docquier (2001), "*Policy reforms and growth in computable OLG economies* " in Journal of Economics Dynamic and Control.

Brun J.F, G. Cambas, F. Mourji (2007), " *Garantir l'espace budgétaire pour le développement humain au Maroc* ", PNUD avec le concours de la Direction des Etudes et Prévision Financière.

Chedati, B. (2007), "*Financement et coûts en éducation au Maroc*". Ministère de l'Education Nationale.

Izelimana, S. (1994), "*L'analyse positive du financement public de l'éducation*", Université de Montréal.

Karim, M. (1999), "*Impact économique des corrections budgétaires au Maroc. Une analyse en équilibre général calculable*". Thèse de Doctorat, Université Mohammed - V Rabat Agdal.

Le Cacheux J. V. Tousé, (2002), " *Les modèles d'équilibre général à générations imbriquées. Enjeux, méthodes et résultats*", Revue de l'OFCE.

Lofgren, H. C. Diaz-Bonilla, (2006), "*MAMS : An Economy wide Model for Analysis of MDG Country Strategies* ". Technical documentation, World Bank

Marcelin J. (2002), "*L'économie de l'éducation: méthodologies, constats et leçons*". Séries scientifiques, CIRANO, Montréal.

Martin, M. C., M. Souissi, B. Decaluwe, (1993), "*Modèle 3 - modèle réel d'une économie ouverte avec gouvernement*" in PARADI (Programme d'analyses et de recherches économiques appliqués au développement international), Vol 2.

Shoven J. B. et J. Whalley (1984), "*Applied General Equilibrium Models of Taxation and International Trade : an Introduction and a Survey*", Journal of Economic Litterature, 22, pp. 1007-1051.

Touhami A., D. Boccanfuso et L. Savard (2006), "*Politiques économiques et pauvreté au Maroc : Analyses en équilibre général micro simulé* ", Cahier de recherche / 06-07. Groupe de Recherche en Économie et Développement International.

Conclusion générale

Nul doute que les progrès économiques et financiers réalisés par le Maroc durant les dernières années ont permis d'asseoir, aujourd'hui, la politique budgétaire sur une trajectoire viable. Cette aisance de trésorerie qui est due aux bonnes performances des recettes fiscales, notamment l'impôt sur les sociétés et l'impôt sur le revenu ne durerait pas.

Au niveau du budget, nous constatons un renforcement de l'investissement par rapport aux dépenses courantes. En revanche, en matière de compensation des prix de certains produits alimentaires, une refonte du système actuel s'impose. Ce chantier est l'un desquels les autorités publiques ont tardé à trouver une solution définitive.

Il faut signaler que la soutenabilité budgétaire et financière ne peut être dissociée du cadrage légal constitué par la loi organique des finances de 1998. La nouvelle loi organique des finances pourrait voir le jour en 2010. A la lumière de la loi organique des finances de 1998, le Ministère en charge des Finances est autorisé à gérer toute dénaturation du profil du budget voté initialement. Cependant, si cette gestion s'attache à préserver l'équilibre financier, il n'en demeure pas moins que la trajectoire budgétaire et fiscale risquerait de connaître des changements, parfois importants. La « *dénaturation* » du profil de la loi de finances implique tout simplement un changement implicite des choix budgétaires validés par les politiques.

Nous nous sommes posé alors la question d'apprécier dans quelle mesure les prévisions des opérations budgétaires de recettes et de dépenses étaient bien formulées. Il s'est dégagé de cette analyse que tous les items budgétaires de recettes et de dépenses étaient, sur les dernières années prévues, sans biais sauf quelques-unes.

En matière fiscale, la politique marocaine cherche plutôt à s'appuyer sur la taxe sur la valeur ajoutée en raison de sa neutralité économique, du moment que l'impôt sur le revenu et l'impôt sur les sociétés sont moins neutres et que leurs assiettes demeurent étroites. Nous constatons que la recette est là, néanmoins, il faut que les ordonnateurs évitent les mauvaises dépenses.

A court terme, il est indispensable de renforcer le recouvrement des recettes fiscales, d'accélérer la réforme de la TVA, de réduire les exonérations, d'identifier de nouvelles niches fiscales toujours inexploitées et de lutter contre la fraude et l'évasion fiscales essentiellement au niveau international.

A moyen terme, et pour pérenniser les recettes fiscales, il serait nécessaire de repenser la stratégie fiscale dans son ensemble. A ce titre, les Orientations Royales donnent une visibilité quant à cette stratégie. Elles consistent à proroger, jusqu'à la fin de l'année 2013, le régime fiscal agricole en vigueur et la soumission du secteur agricole à un système fiscal approprié et progressif à partir de l'année 2014, délai nécessaire pour la mise à niveau de ce secteur. Ce nouveau régime devrait prendre en considération la précarité sociale des petits agriculteurs et refléter le devoir de solidarité à leur égard, et ce en continuant à subventionner les cultures traditionnelles vivrières à faible rendement.

En matière du financement et de trésorerie, le Maroc, à l'instar d'autres pays au monde, a mis en place un système de gestion de la trésorerie publique. Ce système emprunte beaucoup d'éléments au système français, du fait qu'il se base sur le principe de l'unité de caisse. De cette façon, ce système jouit d'une grande fiabilité par rapport à celui dans lequel chaque entité publique dispose de son compte propre ouvert auprès des banques commerciales.

En outre, la question de la soutenabilité de la dette publique est toujours d'actualité eu égard aux facteurs variables et déterminants de la dynamique de l'endettement (solde budgétaire primaire, taux d'intérêt réel et taux de croissance économique). Nous constatons que ces trois facteurs ont connu une évolution favorable durant les huit dernières années. La méthodologie de l'étude nous a permis de répondre à deux questions : (i) est-ce que la dette du Trésor est stationnaire ? il se dégage de cette évolution, que sur une base tendancielle, la dette deviendrait stationnaire et stable au taux de 60% du PIB et (ii) est-ce que son niveau actuel est supportable ? les calculs ont montré que le niveau actuel est encore supportable, avec un risque modéré, puisqu'il est inférieur à un benchmark de 74% du PIB.

Enfin, l'intérêt, pour l'analyse économique du financement public de l'éducation, est encore plus patent eu égard à sa part dans le budget général de l'Etat. Nous avons développé une réflexion autour de la problématique du financement de ce secteur. Deux scénarios ont été simulés : le premier, hors mesures, montre que si la généralisation de l'enseignement primaire est assurée en 2009, seul 45% des écoliers achèveront leur scolarité à l'horizon 2015. Par contre, le second alternatif, qui intègre les effets des mesures décidées dans le cadre du Plan d'Urgence National 2009-2012, montre que le taux d'achèvement de la scolarité serait de 65% à l'horizon 2015.

Lexique

Acte d'engagement : acte juridique par lequel l'organisme public crée ou constate une obligation de nature à entraîner une charge.

Acte de liquidation : acte juridique consistant à vérifier la réalité de la dette et à arrêter le montant de la dépense.

Acte d'ordonnancement : acte juridique donnant, conformément aux résultats de la liquidation, l'ordre de payer la dette de l'organisme public.

Audit : Expertise de conformité financière et juridique ou des performances, effectuée pour répondre aux impératifs de la gestion (*Audit interne*), d'un organe d'audit externe ou de tout autre vérificateur indépendant, pour répondre aux obligations légales (*audit externe*).

Autorisation de programme : limite supérieure des dépenses que les ordonnateurs sont autorisés à engager pour l'exécution des investissements prévus au plan de développement.

Bons du Trésor : Titres émis par le Trésor pour couvrir ses besoins de financement. Ces bons représentent une dette sur le Trésor et donnent droit à une rémunération à taux fixe.

Bons émis par adjudication : Ce sont des bons émis par le Trésor par voie d'appel d'offre selon la technique dite « à la hollandaise » ou « à prix demandé ». Les soumissionnaires présentent plusieurs offres à des prix différents pour un ou plusieurs types de maturités concernés par l'adjudication. Sur la base du montant global de l'émission, chaque soumissionnaire est servi au prix qu'il a offert, dès lors que celui-ci est supérieur ou égal au prix limite retenu par le Trésor.

Budget général : compte retraçant les dépenses et les recettes annuelles de l'Etat qui ne font pas l'objet d'une affectation spéciale prenant la forme d'un SEGMA, d'un compte spécial du Trésor ou d'un fonds de concours.

Charges communes : Crédits du budget général qui ne peuvent être ventilés par ministères, en raison de leur caractère général.

Consolidation financière : est une technique qui permet de présenter des données financières pour plusieurs unités administratives comme si celles-ci n'en formaient qu'une seule. Autrement dit, elle consiste en le regroupement des opérations dans des ensembles homogènes de catégories, selon une classification qui doit être commune aux différentes administrations et niveaux d'administrations, mais aussi en l'élimination d'opérations réciproques entre administrations. Cette neutralisation doit s'effecteur à trois niveaux : intra-administration, inter-administrations de même niveau et inter-administrations de niveaux différents.

Comptes spéciaux du Trésor : comptes retraçant des opérations qui ne peuvent être incluses dans le budget général en raison de leur spécialisation, d'un lien de cause à effet réciproque entre la recette et la dépense ou de leur continuité dans le temps.

Courbe de taux de rendement : relation entre les taux de rendement et les dates d'échéance. Cette courbe est souvent ascendante en fonction de la date d'échéance, les investisseurs exigeant un rendement plus élevé s'ils engagent leurs fonds à plus long terme.

Créancier : Organisme ou entité qui fournit de l'argent ou des ressources et qui doit être remboursé(e) dans les conditions prévues par un accord de prêt.

Crédit de paiement : limite supérieure des dépenses susceptibles d'être ordonnancées dans le cadre de l'année budgétaire.

Déficit budgétaire (-) / excédent (+) : différence écart entre les dépenses (recettes) définitives et les recettes (dépenses) définitives.

Dépense fiscale : Réduction ou exemption d'impôt qui réduit les recettes fiscales normales, et du fait que les objectifs des autorités publiques pourraient être atteints autrement, par exemple au moyen d'une aide ou d'autres dépenses directes, la réduction est considérée comme une dépense budgétaire. La définition et l'évaluation précises de la dépense fiscale supposent donc que l'on définisse la base fiscale normale et que l'on détermine le meilleur moyen d'évaluer le coût de la dépense fiscale (c'est-à-dire par les recettes perdues ou les dépenses nécessaires pour atteindre l'objectif des autorités publiques).

Dépenses imprévues et dotations provisionnelles : Thème spécial qui n'est affecté à aucun service et qui permet, en ce qui concerne les dépenses de fonctionnement du budget général, d'assurer, par un crédit supplémentaire, la couverture de besoins urgents ou non prévus lors de l'établissement du budget

Dette intérieure : Dette émise sur le marché intérieur en dirhams.

Durée de vie moyenne de la dette intérieure : C'est un indicateur qui mesure, à une date donnée, l'échéance moyenne de toutes les émissions du Trésor non échues à cette date.

Echéance : Le terme "échéance" est utilisé pour désigner l'ensemble de la période sur laquelle s'étalent les paiements (de principal, d'intérêts et de commissions).

Echéance résiduelle : L'échéance résiduelle d'un bon, par rapport à une date donnée, désigne la durée entre le dernier paiement de ce bon et cette date.

Echéancier : Désigne une série de paiements à effectuer en vertu du contrat de prêt jusqu'à l'extinction de la dette. Voir service de la dette.

Emetteur : Désigne l'organisme qui a lancé l'emprunt obligataire.

Encours de la dette : Correspond au capital restant, dû à une date, donnée au titre de tous les emprunts émis et non échus à cette date.

Fonds de concours : fonds versés par des personnes morales ou physiques pour concourir avec ceux de l'Etat à des dépenses d'intérêt général. Ces fonds, qui comprennent également le produit des dons et legs, constituent une dérogation au principe de la non-affectation.

Gestion active de la dette : Correspond à la mise en place de l'ensemble des instruments et moyens qui concourent à une gestion plus efficiente de la dette publique après son émission. Cette gestion repose, dans le cas de la dette intérieure, sur la réalisation, entre autres, d'opérations de rachat et d'échange des bons du Trésor.

Gisement d'une ligne : Encours ou montant global de cette ligne.

Intermédiaire en Valeur du Trésor (IVT) : Les IVT sont des établissements sélectionnés par le Trésor qui s'engagent, au terme d'une convention, d'assurer l'animation des deux compartiments du marché, primaire et secondaire, et de jouer le rôle de conseiller du Trésor en matière de modernisation du marché.

Ligne du Trésor : Ensemble des titres présentant les mêmes caractéristiques, à savoir le même taux et les mêmes dates de jouissance et d'échéance.

Liquidité : à court terme, un problème de liquidité survient si les actifs immédiatement disponibles ne sont pas suffisants pour assurer, aujourd'hui, la charge de la dette et le remboursement du principal qui arrive à l'échéance.

Loi organique des finances : Loi précisant le calendrier et les modalités d'élaboration, d'approbation et d'exécution du budget, ainsi que la présentation des rapports et des comptes définitifs soumis pour approbation. Dans certains pays, la loi de finances organique l'emporte sur les autres lois à caractère financier, par exemple celles qui portent sur la comptabilité, le trésor, la gestion de la dette, le contrôle interne, les finances des collectivités territoriales, etc. La loi prévoit à la fois les pouvoirs et les responsabilités en vue de l'élaboration, de la gestion et de l'exécution du budget annuel. On lui donne parfois aussi le nom de loi portant organisation du budget.

Loi de finances rectificatives : loi qui modifie, en cours d'année budgétaire, les dispositions de la loi de finances de l'année.

Loi de règlement : loi qui constate le montant définitif des encaissements de recettes et des ordonnancements de dépenses se rapportant à une même année budgétaire et qui arrête le compte de résultat de l'année.

Marché primaire : Marché où les titres sont émis pour la première fois.

Marché secondaire : Marché sur lequel les titres sont achetés et vendus après avoir été émis sur le marché primaire. Le marché est dit secondaire parce que les titres sont transmis à de "seconds" porteurs. Le marché secondaire des bons émis par adjudication a été créé en 1996 et c'est un marché de gré à gré.

Maturité : Intervalle de temps séparant une obligation de sa date de remboursement.

Morasse budgétaire : document annexe à la loi de finances retraçant le détail des dépenses du budget général et des budgets annexes.

Ordonnateur : autorité publique qui prescrit l'exécution des recettes et des dépenses. Les ministres sont ordonnateurs de droit.

Output gap : est la différence entre la croissance potentielle et celle effectivement réalisée. En raison des cycles économiques, cet écart existe toujours également appelé décalage conjoncturel.

Ouverture de crédit : Désigne l'autorisation donnée à l'exécutif, par voie législative, de dépenser les deniers publics dans une certaine limite et dans un but déterminé. Les ouvertures de crédit annuelles sont effectuées au moyen de la loi de finances annuelle ou, dans certains pays, de lois distinctes portant affectation de crédits, qui cadrent avec le budget. Des crédits budgétaires complémentaires sont parfois accordés après l'adoption de la loi de finances annuelle si l'ouverture de crédit annuelle initiale ne suffit pas à atteindre l'objectif fixé.

Pension : C'est l'opération par laquelle une personne morale cède, en pleine propriété, à une autre personne morale des valeurs, titres ou effets et où le cédant et le cessionnaire s'engagent respectivement et irrévocablement, le premier à reprendre les valeurs, le second à les rétrocéder à un prix et à une date convenus. Ainsi, tout contrat de pension met en relation deux parties distinctes : (i) le cédant qui s'engage irrévocablement à reprendre les valeurs données en pension ; (ii) le cessionnaire qui s'engage irrévocablement à rétrocéder lesdites valeurs au cédant en contrepartie d'une rémunération payée par le cédant.

Principe de non affectation : principe selon lequel l'ensemble des recettes assure l'exécution de l'ensemble des dépenses.

Principe d'annualité : principe selon lequel les recettes et les dépenses autorisées par la loi de finances sont inscrites pendant une année.

Principe de la spécialité des crédits : affectation des crédits ouverts par la loi de finances à un service particulier et à une catégorie déterminée de dépenses. Elle consiste, pour le budget général, à répartir les crédits par titre et à l'intérieur d'un même titre, par chapitres, subdivisés en articles, paragraphes et lignes.

Principe de l'unité : principe selon lequel toutes les recettes et toutes les dépenses sont imputées au budget général.

Principe de l'universalité : principe selon lequel il est fait recette du montant intégral des produits, sans contraction entre les recettes et les dépenses.

Point de base : Expression utilisée pour désigner l'écart de rendement des obligations. Un point de base représente un centième pour cent. Ainsi, si l'obligation X a un rendement de 11,50 % et l'obligation Y, un taux de rendement de 11,75 %, l'écart est de 25 points de base.

Paiement : acte par lequel l'organisme public se libère de sa dette.

Rachat des bons du Trésor : Les opérations de rachat consistent à racheter, sur le marché secondaire, des bons du Trésor émis antérieurement. Ces opérations sont généralement assimilées à des remboursements par anticipation de la dette.

Report de crédit : possibilité d'ajouter aux dotations de l'année budgétaire suivante, les crédits de paiement ouverts au titre des dépenses d'investissement et non utilisés au cours de l'exercice écoulé.

Services de l'Etat gérés de Manière Autonome : il s'agit des services de l'Etat qui ne sont pas dotés de la personnalité morale et dont certaines dépenses, non imputées sur les crédits du budget général, sont couvertes par des ressources propres. Ces services sont dotés de budgets autonomes.

Service de la dette : Tous paiements effectués au titre du remboursement du principal d'un prêt, des intérêts et des commissions d'engagement. Le service "réel" de la dette est le montant effectivement payé pour amortir une dette.

Solvabilité : elle caractérise la situation financière d'un État qui est capable de faire face à ses engagements, c'est-à-dire dont la contrainte budgétaire intertemporelle est respectée, y compris en recourant à des ajustements budgétaires lorsque cela s'avère nécessaire. Le constat de la non solvabilité d'un État s'accompagne d'une crise des finances publiques.

Soutenabilité : correspond à la situation d'un État dont la solvabilité est assurée sans qu'il ait particulièrement besoin d'ajuster sa politique budgétaire dans l'avenir.

Tableau d'équilibre financier : tableau figurant à la fin de la première partie de la loi de finances et fixant les montants des ressources affectées au budget général, aux budgets annexes et aux comptes spéciaux du Trésor ainsi que les plafonds des charges et l'équilibre général qui en résulte pour l'année budgétaire considérée.

Virement : mouvement de crédits entre articles, paragraphes et lignes à l'intérieur d'un même Thème. Les virements, qui constituent une dérogation au principe de la spécialité des crédits, sont autorisés par le ministre des finances.

ANNEXES

Annexe 1. Cadre analytique de la soutenabilité de la dynamique d'une dette publique

De façon comptable, le déficit budgétaire, qui correspond à l'écart entre l'ensemble des recettes et des dépenses, est égal à la variation de la dette ΔD_t. Ainsi, le déficit budgétaire est égal à la différence entre les recettes totales R_t et les dépenses totales, hors intérêts de la dette, G_t plus les intérêts de la dette $i.D_{t-1}$).

Hypothèses du modèle :

- Absence du financement monétaire ;
- Stock des arriérés constants (flux nuls).

On peut réécrire le déficit budgétaire comme du solde budgétaire primaire et de la charge de la dette, d'où :

$$\Delta D_t = D_t - D_{t-1} = (G_t - R_t) + i_t D_{t-1} \qquad \textbf{(1)}$$

Afin d'éliminer l'effet des prix, on divise tout les termes de cette équation par le niveau général des prix (P_t), nous obtenons :

$$\frac{D_t}{P_t} - \frac{D_{t-1}}{P_t} = \frac{G_t}{P_t} - \frac{R_t}{P_t} + i_t \frac{D_{t-1}}{P_t} \qquad \textbf{(2)}$$

Cependant il faut pondérer le stock de la dette à l'instant (t-1) par le niveau des prix. D'autre part, nous savons que le taux d'inflation π est égal à:

$$\frac{P_t - P_{t-1}}{P_{t-1}} = \pi_t \Rightarrow P_{t-1}(\pi + 1) = P_t \qquad \textbf{(3)}$$

On remplace (3) dans (2) :

$$\frac{D_t}{P_t} - \frac{D_{t-1}}{P_{t-1}(\pi+1)} = \frac{G_t}{P_t} - \frac{R_t}{P_t} + i_t \frac{D_{t-1}}{P_{t-1}(\pi+1)} \quad \Leftrightarrow \frac{D_t}{P_t} = \frac{G_t}{P_t} - \frac{R_t}{P_t} + \frac{(i+1)}{(\pi+1)} \frac{D_{t-1}}{P_{t-1}}$$

D'après la relation de Fischer, on a : $\frac{(i+1)}{(\pi+1)} = (r+1)$

Donc $$\frac{D_t}{P_t} = \frac{G_t}{P_t} - \frac{R_t}{P_t} + (r+1)\frac{D_{t-1}}{P_{t-1}} \quad \textbf{(4)}$$

Ainsi l'équation (4) exprime la contrainte budgétaire en terme réel. Afin de simplifier l'écriture on note : $\frac{D_t}{P_t} = D_t^{'}$, $\frac{G_t}{P_t} = G_t^{'}$, $\frac{R_t}{P_t} = R_t^{'}$.

On aura alors : $D_t^{'} = G_t^{'} - R_t^{'} + (r+1)D_{t-1}^{'}$ **(5)**

Pour exprimer cette dernière équation en % du PIB, on divise tous ses termes par le PIB réel :

$$\frac{D_t^{'}}{PIB_t} = \frac{G_t^{'}}{PIB_t} - \frac{R_t^{'}}{PIB_t} + (r+1)\frac{D_{t-1}^{'}}{PIB_t} \quad \textbf{(6)}$$

Par définition, le taux de croissance réel g_t est égale à : $\frac{PIB_t - PIB_{t-1}}{PIB_{t-1}} = g_t$

Ainsi, l'équation (5) devient :

$$\frac{D_t^{'}}{PIB_t} = \frac{G_t^{'}}{PIB_t} - \frac{R_t^{'}}{PIB_t} + \frac{(r+1)}{(g+1)}\frac{D_{t-1}^{'}}{PIB_{t-1}} \quad \textbf{(7)}$$

On note : $\frac{D_t^{'}}{PIB_t} = D_t^{''}$, $\frac{G_t^{'}}{PIB_t} = G_t^{''}$, $\frac{R_t^{'}}{PIB_t} = R_t^{''}$

L'équation (6) devient :

$$D_t^{''} = G_t^{''} - R_t^{''} + \frac{(r+1)}{(g+1)}D_{t-1}^{''} \quad \textbf{(8)}$$

On soustrait D_{t-1} de chaque membre de l'équation (7) :

$$D_t^{''} - D_{t-1}^{''} = G_t^{''} - R_t^{''} + \frac{(r+1)}{(g+1)}D_{t-1}^{''} - D_{t-1}^{''}$$

$$\Leftrightarrow D_t^{''} - D_{t-1}^{''} = G_t^{''} - R_t^{''} + \left(\frac{(r+1)}{(g+1)} - 1\right)D_{t-1}^{''}$$

$$\Leftrightarrow D_t^{"} - D_{t-1}^{"} = G_t^{"} - R_t^{"} + \left(\frac{(r+1-g-1)}{(g+1)} \right) D_{t-1}^{"}$$

$$\Leftrightarrow D_t^{"} - D_{t-1}^{"} = G_t^{"} - R_t^{"} + \left(\frac{(r+1-g-1)}{(g+1)} \right) D_{t-1}^{"}$$

$$\Leftrightarrow D_t^{"} - D_{t-1}^{"} = G_t^{"} - R_t^{"} + \left(\frac{(r-g)}{(g+1)} \right) D_{t-1}^{"} \qquad \textbf{(9)}$$

Notons que $\left(\frac{(r-g)}{(g+1)} \right) \cong (r-g)$, puisque g est exprimé en % et inférieur à deux chiffres $g+1 \cong 1$.

Ainsi, l'équation (8) devient :

$$D_t^{"} - D_{t-1}^{"} = G_t^{"} - R_t^{"} + (r-g) D_{t-1}^{"} \qquad \textbf{(10)}$$

Donc si l'on veut stabiliser le ratio de la dette par rapport au PIB, il faut que

$$D^{"} = \frac{(G^{"} - R^{"})}{(r-g)}$$

Cette équation sera retenue comme cadre d'analyse de la soutenabilité de la dette du Trésor en utilisant les trois variables clés : le solde budgétaire primaire en % du PIB moyen, le taux d'intérêt implicite réel moyen et taux de croissance économique réel moyen.

Annexe 2. Loi n° 1 98 138 du 7 chaabane 1419 (26 novembre 1998) portant promulgation de loi organique n° 7-98 relative à la loi de finances

LOUANGE A DIEU SEUL !

(Grand Sceau de Sa Majesté Hassan II)

Que l'on sache par les présentes - puisse Dieu en élever et en fortifier la teneur !

Que notre Majesté Chérifienne ;

Vu la Constitution, notamment ses articles 26 et 58 (dernier alinéa) ;

Vu la loi organique n° 29-93 relative au Conseil constitutionnel, notamment son article

24 (2e alinéa) ;

Vu la décision du Conseil constitutionnel n° 250-98 du 3 rejeb 1419 (24 octobre 1998) par laquelle ce conseil a déclaré que les dispositions de la loi organique n° 7-98 relative à la loi de finances sont conformes à la Constitution, à l'exception de celles de ses articles 5 et 10 et du membre de phrase le gouvernement y étant habilité par la loi de finances de l'année de son article 43 qui sont, toutefois, dissociables de l'ensemble des autres dispositions de cette loi organique qui, de ce fait, peut être promulguée après suppression des dispositions déclarées non conformes à la Constitution,

A décidé ce qui suit :

Est promulguée et sera publiée au Bulletin officiel, à la suite du présent dahir, la loi organique n° 7-98 relative à la loi de finances, adoptée par la Chambre des représentants et la Chambre des conseillers.

Fait à Marrakech, le 7 chaabane 1419 (26 novembre 1998).

Pour contreseing : *Le Premier ministre,* Abderrahman Youssoufi.

Loi organique n° 7-98 relative à la loi de finances

Titre premier

De la définition et du contenu de la loi de finances

Chapitre premier

De la loi de finances et des principes budgétaires

Article Premier

La loi de finances prévoit, évalue, énonce et autorise, pour chaque année budgétaire, l'ensemble des ressources et des charges de l'Etat, dans les limites d'un équilibre économique et financier qu'elle définit.

Article 2

Sont réputées lois de finances au sens du présent texte :

- La loi de finances de l'année ;
- Les lois de finances rectificatives ;
- La loi de règlement.

Article 3

La loi de finances ne peut contenir que des dispositions concernant les ressources et les charges ou tendant à améliorer les conditions de recouvrement des recettes ainsi que le contrôle de l'emploi des fonds publics.

Article 4

Seules des lois de finances dites rectificatives peuvent en cours d'année modifier les dispositions de la loi de finances de l'année.

Article 6

L'année budgétaire commence le 1er juillet et se termine le 30 juin de l'année suivante.

Article 7

Les dispositions relatives à l'approbation de conventions financières, aux garanties accordées par l'Etat, à la gestion de la dette publique ainsi que de la dette viagère, aux autorisations d'engagement par anticipation, aux crédits d'engagement et aux autorisations de programme, peuvent engager l'équilibre financier des années budgétaires ultérieures.

Article 8

Les recettes sont prises en compte au titre de l'année budgétaire au cours de laquelle elles sont encaissées par un comptable public. Les dépenses sont prises en compte au titre de l'année budgétaire au cours de laquelle les ordonnances ou mandats sont visés par les comptables assignataires ; elles doivent être payées sur les crédits de ladite année, quelle que soit la date de la créance.

Article 9

Il est fait recette du montant intégral des produits, sans contraction entre les recettes et les dépenses, l'ensemble des recettes assurant l'exécution de l'ensemble des dépenses.

Toutes les recettes et toutes les dépenses sont imputées au budget général.

Toutefois, certaines recettes peuvent être affectées à certaines dépenses. Ces affectations spéciales prennent la forme de comptes spéciaux du Trésor ou de procédures comptables particulières au sein dudit budget général et desdits comptes spéciaux.

Chapitre 2

De la détermination des ressources et des charges de l'Etat

Section première

Des ressources de l'Etat

Article 11

Les ressources de l'Etat comprennent :

- les impôts et taxes ;

- le produit des amendes ;
- les rémunérations de services rendus et les redevances ;
- les fonds de concours, dons et legs ;
- les revenus du domaine ;
- le produit de cession des biens meubles et immeubles ;
- le produit des exploitations et des participations financières de l'Etat ainsi que la part de l'Etat dans les bénéfices des établissements publics ;
- les remboursements de prêts et avances et les intérêts y afférents ;
- le produit des emprunts ;
- les produits divers.

Section 2

Des charges de l'Etat

Article 12

Les charges de l'Etat comprennent :

- les dépenses du budget général ;
- les dépenses des comptes spéciaux du Trésor.

Chapitre 3

Du budget général

Article 13

Le budget général comporte deux parties : la première partie concerne les ressources, la seconde est relative aux dépenses.

Les ressources du budget général comprennent les ressources visées à l'article 11 ci-dessus.

Les dépenses du budget général comprennent les dépenses de fonctionnement, les dépenses d'investissement et les dépenses relatives au service de la dette publique.

Article 14

Ces dépenses de fonctionnement comprennent :

- les dotations des pouvoirs publics ;
- les dépenses de personnel et de matériel afférentes au fonctionnement des services publics ;
- les dépenses diverses relatives à l'intervention de l'Etat notamment en matière administrative, économique, sociale et culturelle ;
- les dépenses relatives aux charges communes, y compris les dépenses de la dette viagère ;
- les dépenses imprévues et les dotations provisionnelles.

Article 15

Les dépenses d'investissement comprennent :

- les dotations affectées aux dépenses résultant de l'exécution des plans de développement approuvés par le Parlement ;
- les dépenses non prévues au plan de développement et programmées dans la loi de finances, destinées à la préservation, la reconstitution ou l'accroissement du patrimoine national.

Des dépenses de personnel non titulaire peuvent être incluses dans les dépenses d'investissement à la condition qu'elles ne concernent que des agents affectés à leur exécution en régie.

Article 16

Les dépenses relatives à la dette publique comprennent les dépenses en intérêts et commissions et les dépenses relatives aux amortissements de la dette à moyen et long termes.

Chapitre 4

Des comptes spéciaux du Trésor

Article 17

Les comptes spéciaux du Trésor ont pour objet :

- soit de décrire des opérations qui, en raison de leur spécialisation ou d'un lien de cause à effet réciproque entre la recette et la dépense, ne peuvent être commodément incluses dans le cadre du budget général ;

- soit de décrire des opérations en conservant leur spécificité et en assurant leur continuité d'une année budgétaire sur l'autre ;
- soit de garder trace, sans distinction d'année budgétaire, d'opérations qui se poursuivent pendant plus d'une année.

Ces opérations comptables sont liées à l'application d'une législation, d'une réglementation ou d'obligations contractuelles de l'Etat, précédant la création du compte.

Article 18

Les comptes spéciaux du Trésor sont créés par la loi de finances à l'intérieur de l'une des catégories visées à l'article 19 ci-dessous. Cette loi prévoit les recettes de ces comptes et fixe le montant maximum des dépenses qui peuvent être imputées sur ceux-ci.

Toutefois, en cas d'urgence et de nécessité impérieuse, de nouveaux comptes spéciaux du Trésor peuvent être créés, en cours d'année budgétaire, par décret, en application des dispositions de l'article 45 de la Constitution. Ces nouveaux comptes spéciaux doivent être soumis au Parlement pour ratification dans la plus prochaine loi de finances.

Article 19

Les comptes spéciaux du Trésor comprennent les catégories suivantes :

- les comptes d'affectation spéciale qui retracent les recettes affectées au financement d'une catégorie déterminée de dépenses et l'emploi donné à ces recettes. Ces comptes peuvent être alimentés par le produit de taxes, de versements budgétaires ou de recettes particulières ;
- les comptes d'adhésion aux organismes internationaux qui décrivent les versements et les remboursements au titre de la participation du Maroc aux organismes internationaux ; seules peuvent être portées à ces comptes les sommes dont le remboursement est prévu en cas de retrait ;
- les comptes d'opérations monétaires qui décrivent les mouvements de fonds d'origine monétaire ;

- les comptes d'avances qui décrivent les versements, sous forme d'avances remboursables faites par l'Etat sur les ressources du Trésor et accordées pour des raisons d'intérêt public ; ces avances dont la durée est égale ou inférieure à 2 ans, sont productives d'intérêts ;
- les comptes de prêts qui décrivent les versements sous forme de prêts faits par l'Etat sur les ressources du Trésor et accordés pour des raisons d'intérêt public ; ces prêts dont la durée est supérieure à 2 ans, sont productifs d'intérêts ;
- les comptes de dépenses sur dotation qui retracent des opérations relatives à une catégorie spéciale de dépenses dont le financement est assuré par des dotations budgétaires.

Article 20

Les opérations des comptes spéciaux du Trésor sont prévues, autorisées et exécutées dans les mêmes conditions que les opérations du budget général, sauf dérogations prévues par la loi de finances et sous réserve des dispositions qui suivent.

Le solde de chaque compte spécial est reporté d'année en année.

Toutefois, les profits et les pertes constatés, au titre d'une année budgétaire considérée, sur les comptes d'opérations monétaires, sont pris en recette ou en charge au budget général au plus tard la deuxième année suivant celle au cours de laquelle ils sont dégagés.

Les revenus éventuellement produits par les sommes inscrites aux comptes d'adhésion aux organismes internationaux sont pris en recette au budget général au titre du produit des participations financières.

Les soldes des comptes d'affectation spéciale et des comptes de dépenses sur dotation sont toujours créditeurs.

Les comptes d'affectation spéciale et les comptes de dépenses sur dotation qui n'ont pas donné lieu à dépenses pendant trois années consécutives peuvent être soldés au terme de la troisième année et leur solde pris en recette au budget général.

Le découvert des comptes d'opérations monétaires est limité par la loi de finances de l'année. La tenue de ces comptes est assurée de manière à faire ressortir les résultats définitifs, s'il y échet.

Sauf dérogations prévues par une loi de finances, il est interdit d'imputer directement à un compte spécial du Trésor les dépenses résultant du payement des traitements ou indemnités à des agents de l'Etat, des collectivités locales, des établissements publics et des entreprises publiques.

Article 21

Toute somme afférente à une avance ou un prêt consentis par l'Etat et non recouvrée dans les cinq ans de son échéance est portée en dépenses au budget général ; les recouvrements postérieurs éventuels sont portés en recettes à ce budget.

Chapitre 5

Des procédures comptables particulières

Article 22

Les fonds versés par des personnes morales ou physiques pour concourir avec ceux de l'Etat à des dépenses d'intérêt public ainsi que le produit des dons et legs, sont directement portés en recettes, selon le cas, au budget général ou aux comptes spéciaux du Trésor. Un crédit de même montant peut être ouvert en addition aux crédits accordés par la loi de finances.

Toutefois, lorsque le produit du don octroyé ne peut être versé préalablement au budget général ou aux comptes spéciaux du Trésor pour permettre l'engagement de la dépense à laquelle il se rapporte, il peut être ouvert les crédits nécessaires à l'engagement et au paiement de cette dépense en addition aux crédits accordés par la loi de finances.

L'affectation des fonds de concours et les modalités de leur utilisation doivent être conformes à ce qui est convenu avec la partie versante ou le donateur.

Article 23

Peuvent donner lieu à rétablissement de crédits, les recettes provenant de la restitution à l'Etat de sommes payées indûment ou à titre provisoire.

Chapitre 6

Des autorisations de programme et autorisations d'engagement par anticipation

Article 24

Les plans approuvés par le Parlement ne peuvent donner lieu à des engagements de l'Etat que dans les limites fixées par la loi de finances de l'année.

Article 25

Les dépenses d'investissement résultant de l'exécution du plan de développement peuvent faire l'objet d'autorisations de programme qui déterminent le coût global et maximum des projets d'investissement retenus.

Ces autorisations comprennent des crédits de paiement et des crédits d'engagement qui constituent la limite supérieure des dépenses que les ordonnateurs sont autorisés à engager pour l'exécution des investissements prévus.

Les dépenses d'investissement non prévues au plan de développement et programmées pour la préservation, la reconstitution ou l'accroissement du patrimoine national, comprennent également des crédits de paiement et des crédits d'engagement.

Dans tous les cas, les crédits de paiement augmentés, le cas échéant, des crédits reportés conformément aux dispositions de l'article 46 ci-dessous, et des fonds de concours prévus à l'article 22 ci-dessus, constituent la limite supérieure des dépenses susceptibles d'être ordonnancées dans le cadre de l'année budgétaire.

Article 26

Les crédits ouverts au titre des dépenses de fonctionnement sont annuels.

Toutefois, des autorisations d'engagement par anticipation peuvent être accordées, par la loi de finances de l'année, dans la limite d'un montant maximum qu'elle prévoit.

Titre II

De la présentation de la loi de finances

Article 27

La loi de finances comprend deux parties.

La première partie arrête les données générales de l'équilibre financier et comporte :

- l'autorisation de perception des recettes publiques et d'émission des emprunts ;
- les dispositions relatives aux ressources publiques que la loi de finances peut créer, modifier ou supprimer ;
- les dispositions relatives aux charges de l'Etat et aux comptes spéciaux du Trésor ainsi qu'au contrôle de l'emploi des fonds publics ;
- l'évaluation globale des recettes du budget général et des catégories des comptes spéciaux du Trésor ;
- les plafonds des charges du budget général, par titre, et des comptes spéciaux du Trésor, par catégorie.

La deuxième partie arrête, par chapitre, les dépenses du budget général et, par compte, les dépenses des comptes spéciaux du Trésor.

Article 28

Les ressources du budget général sont présentées en chapitres subdivisés, s'il y a lieu, en articles et paragraphes.

Article 29

Les dépenses du budget général sont groupées sous trois titres :

Titre I : dépenses de fonctionnement ;

Titre II : dépenses d'investissement ;

Titre III : dépenses relatives au service de la dette publique.

Les dépenses du budget général sont présentées, à l'intérieur des titres, par chapitres, subdivisés en articles, paragraphes et lignes, selon leur destination, leur objet ou leur nature.

Pour chaque département ministériel ou institution, il est prévu, en ce qui concerne les dépenses de fonctionnement, un chapitre pour le personnel et un chapitre pour le matériel et les dépenses diverses. Les dépenses d'investissement comportent un chapitre par département ministériel ou institution.

Article 30

Les dépenses relatives à la dette publique sont présentées en deux chapitres :

- le premier comporte les dépenses en intérêts et commissions se rapportant à la dette publique ;
- le second comporte les dépenses relatives aux amortissements de la dette publique à moyen et long termes.

Article 31

Les lois de finances rectificatives sont présentées, en partie ou en totalité, dans les mêmes formes que la loi de finances de l'année.

Titre III

De l'examen et du vote des lois de finances

Chapitre premier

De l'examen de la loi de finances

Article 32

Sous l'autorité du Premier ministre, le ministre chargé des finances prépare les projets de lois de finances.

Article 33

Le projet de loi de finances de l'année est déposé sur le bureau de l'une des deux Chambres du Parlement, au plus tard, soixante-dix jours avant la fin de l'année budgétaire en cours.

Il est accompagné d'un rapport exposant les grandes lignes de l'équilibre économique et financier, les résultats connus et les perspectives d'avenir ainsi que les modifications apportées en ce qui concerne les recettes et les dépenses. Des documents concernant les dépenses du budget général, les opérations des comptes spéciaux du Trésor, les services de l'Etat gérés de manière autonome et les établissements publics sont annexés audit rapport.

Il est immédiatement envoyé à l'examen d'une commission de la Chambre saisie.

Article 34

La Chambre saisie la première se prononce dans un délai de 30 jours après le dépôt du projet de loi de finances.

Dès le vote du projet ou à l'expiration du délai prévu à l'alinéa précédent, le gouvernement saisit l'autre Chambre du texte adopté ou du texte qu'il a initialement présenté modifié le cas échéant par les amendements votés par la Chambre saisie la première et acceptés par lui.

La Chambre saisie la deuxième, se prononce dans un délai de 30 jours suivant sa saisine.

Lorsque le projet de loi de finances n'a pu être adopté après une seule lecture par chaque Chambre, le gouvernement peut déclarer l'urgence et provoquer la réunion d'une commission mixte paritaire en vue de proposer un texte sur les dispositions restant en discussion, et ce, dans un délai n'excédant pas sept jours à compter de sa saisine par le gouvernement.

Le texte élaboré par la commission mixte paritaire et accepté par le gouvernement est soumis par celui-ci, pour adoption, aux deux Chambres qui disposent à cet effet d'un délai n'excédant pas trois jours. Aucun amendement n'est recevable sauf accord du gouvernement.

Si la commission mixte paritaire ne parvient pas à l'adoption d'un texte commun ou si celui-ci n'est pas adopté par les Chambres, le gouvernement soumet à la Chambre des représentants le projet de loi de finances, modifié le cas échéant par les amendements résultant de la discussion Parlementaire et repris par le gouvernement. La Chambre des représentants ne peut adopter définitivement le texte qu'à la majorité absolue des membres la composant.

Article 35

Conformément aux dispositions de l'article 50 de la Constitution, si au 30 juin, la loi de finances de l'année n'est pas votée ou n'est pas promulguée en raison de sa soumission au Conseil constitutionnel, le gouvernement ouvre, par décret, les crédits nécessaires à la marche des services publics et à l'exercice de leur mission, en fonction des propositions budgétaires soumises à approbation.

Dans ce cas, les recettes continuent à être perçues conformément aux dispositions législatives et réglementaires en vigueur les concernant à l'exception, toutefois, des recettes dont la suppression est proposée dans le projet de loi de finances. Quant à celles pour lesquelles ledit projet prévoit une diminution de taux, elles seront perçues au nouveau taux proposé.

Pour l'application de l'alinéa précédent, les dispositions relatives aux recettes dont la suppression est proposée dans le projet de loi de finances ainsi que celles pour lesquelles ledit projet prévoit une diminution de taux sont reprises dans un décret. Il est mis fin à l'application dudit décret dès l'entrée en vigueur de la loi de finances.

Chapitre 2

Des modalités de vote de la loi de finances

Article 36

La seconde partie du projet de loi de finances de l'année ne peut être mise en discussion devant l'une des deux chambres du Parlement avant le vote de la première partie.

Article 37

Les dispositions de la loi de finances sont votées article par article.

Article 38

Les évaluations de recettes font l'objet d'un vote d'ensemble pour le budget général et d'un vote par catégorie pour les comptes spéciaux du Trésor.

Article 39

Les dépenses du budget général font l'objet d'un vote par titre et à l'intérieur d'un même titre par chapitre.

Les dépenses des comptes spéciaux du Trésor sont votées par catégorie de comptes spéciaux.

Article 40

En application des dispositions de l'article 51 de la Constitution, est de droit la disjonction ou le rejet des articles additionnels ou amendements ayant pour objet soit une diminution de ressources publiques, soit la création ou l'aggravation d'une charge publique.

Tout autre article additionnel ou amendement doit être justifié.

Titre IV

De la portée de l'autorisation Parlementaire

Article 41

Les dépenses ne peuvent être engagées, ordonnancées et payées que dans la limite des crédits ouverts.

Par dérogation aux dispositions qui précèdent, peuvent s'imputer au-delà de la dotation inscrite aux rubriques qui les concernent :

- les dépenses se rapportant à la dette publique et à la dette viagère :
- les dépenses se rapportant à la rémunération des personnels dont les effectifs sont fixés dans la loi de finances.

Toutefois, en cas de dépassement se rapportant à la rémunération précitée, seules sont prises en compte les dispositions statutaires régissant les personnels applicables à la date d'entrée en vigueur de la loi de finances.

Article 42

Un chapitre spécial qui n'est affecté à aucun service est ouvert pour les dépenses imprévues et les dotations provisionnelles en ce qui concerne le titre I du budget général.

Des prélèvements peuvent être opérés en cours d'année sur ce chapitre, pour assurer, par un crédit supplémentaire, la couverture de besoins urgents ou non prévus lors de l'établissement du budget.

Article 43

En cas de nécessité impérieuse d'intérêt national, des crédits supplémentaires peuvent être ouverts par décret en cours d'année en application de l'article 45 de la Constitution.

Article 44

Les créations et suppressions d'emplois ne peuvent résulter que de dispositions prévues dans la loi de finances.

Les transformations et redéploiements d'emplois peuvent être opérés en cours d'année selon les modalités fixées par voie réglementaire.

Article 45

Lorsque la conjoncture économique et financière l'exige, le gouvernement peut en cours d'année budgétaire surseoir à l'exécution de certaines dépenses d'investissement. Les commissions Parlementaires compétentes en sont informées.

Article 46

Les crédits ouverts au budget général au titre d'une année budgétaire donnée ne peuvent être reportés sur l'année suivante.

Toutefois, et sauf dispositions contraires prévues par la loi de finances, les crédits de paiement disponibles au titre des dépenses d'investissement sont reportés selon les modalités fixées par voie réglementaire. Ils s ajoutent aux crédits de paiement ouverts par la loi de finances de l'année.

Titre V

Du règlement du budget

Article 47

Une loi dite de règlement constate le montant définitif des encaissements de recettes et des ordonnancements de dépenses se rapportant à une même année budgétaire et arrête le compte de résultat de l'année.

Ce projet de loi doit être déposé sur le bureau d'une des deux chambres du Parlement, au plus tard, à la fin de la deuxième année budgétaire qui suit l'année d'exécution de la loi de finances.

Il est accompagné d'un rapport de la Cour des comptes sur l'exécution de la loi de finances et de la déclaration générale de conformité entre les comptes individuels des comptables et le compte général du Royaume.

Titre VI

Dispositions diverses et transitoires

Article 48

Sont abrogées les dispositions :

- du dahir n° 1-72-260 du 9 chaabane 1392 (18 septembre 1972) portant loi organique des finances ;
- des articles 4,5, 6, 11, 12, 13, 14, 15, 16, 18, 19,20,22, 23, 24 (alinéa 1), 25, 26 (alinéas 1 et 2), 27, 28 (alinéa 1), 29 (alinéas 1 et 3), 30 (alinéas 1 et 2), 31 (alinéas 1, 3 et 4), 32 (alinéa 1), 33 (alinéa 3, dernier paragraphe), 34 (alinéa 3) et 36 (alinéa 1) du décret royal n° 331-66 du 10 moharrem 1387 (21 avril 1967) portant application des dispositions de la loi organique des finances relatives à la présentation des lois de finances.

Toutefois, la loi de finances pour l'année budgétaire 1998-1999 sera présentée conformément aux dispositions du dahir n° 1-72-260 et du décret royal n° 331-66 précités.

Les budgets annexes existants sont soumis aux dispositions de la présente loi organique, sous réserve des dispositions des articles 5, 8, 11 et 24 du dahir n° 1-72-260 du 9 chaabane 1392 (18 septembre 1972) précité et des mesures prises pour leur application, qui demeurent, à titre transitoire, applicables à ces budgets annexes jusqu'à leur suppression par une loi de finances.

Annexe 3. Loi organique n° 14-00 modifiant et complétant la loi organique n° 7-98 relative à la loi de finances

LOUANGE A DIEU SEUL !

(Grand Sceau de Sa Majesté Mohammed VI)

Que l'on sache par les présentes - puisse Dieu en élever et en fortifier la teneur !

Que notre Majesté Chérifienne,

Vu la Constitution, notamment ses articles 26 et 58 (dernier alinéa) ;

Vu la décision du conseil constitutionnel n° 389-2000 du 13 moharrem 1421 (18 avril

2000) déclarant conformes à la Constitution les dispositions de la loi organique n° 14-00 modifiant et complétant la loi organique n° 7-98 relative à la loi de finances,

A Décidé ce qui suit :

Est promulguée et sera publiée au Bulletin officiel, à la suite du présent dahir, la loi organique n° 14-00 modifiant et complétant la loi organique n° 7-98 relative à la loi de finances, adoptée par la Chambre des représentants et la Chambre des conseillers.

Fait à Rabat, le 14 moharrem 1421 (19 avril 2000).

Pour contreseing :

Le Premier ministre,

Abderrahman Youssoufi.

Loi organique n° 14-00 modifiant et complétant la loi organique n° 7-98 relative à la loi de finances Article Premier : Les dispositions des articles 6, 9 (3e alinéa), 12, 22 (1er et 2e alinéas), 27, 28, 35 (1er alinéa), 38 et 39 de la loi organique n° 7-98 relative à la loi de finances promulguée par le dahir n° 1-98-138 du 7 chaabane 1419 (26 novembre 1998) sont modifiées comme suit :

Article 6

L'année budgétaire commence le 1er janvier et se termine le 31 décembre de la même année.

Article *9 (3e alinéa)*

Toutefois, certaines recettes peuvent être affectées à certaines dépenses. Ces affectations peuvent être effectuées dans le cadre des budgets de services de l'Etat gérés de manière autonome, de comptes spéciaux du Trésor ou de procédures comptables particulières telles que prévues à l'article 22 ci-dessous.

Article 12

Les charges de l'Etat comprennent :

- les dépenses du budget général ;
- les dépenses des budgets des services de l'Etat gérés de manière autonome ;
- les dépenses des comptes spéciaux du Trésor.

Article 22 (1er alinéa)

Les fonds versés .... au budget général, aux budgets des services de l'Etat gérés de manière autonome ou aux comptes spéciaux .... la loi de finances.

(2e alinéa). - Toutefois, lorsque le produit du don octroyé ne peut être versé préalablement au budget général, aux budgets des services de l'Etat gérés de manière autonome ou aux comptes spéciaux du Trésor pour permettre .... (La suite sans modification)

Article 27

La loi de finances comprend deux parties :

La première partie arrête les données générales de l'équilibre financier et comporte :

- .... ;
- .... ;
- .... ;

- l'évaluation globale des recettes du budget général, des budgets des services de l'Etat gérés de manière autonome et des catégories des comptes spéciaux du Trésor ;
- les plafonds des charges du budget général, par titre, de l'ensemble des budgets des services de l'Etat gérés de manière autonome groupées par dépenses d'exploitation et dépenses d'investissement et des comptes spéciaux du Trésor, par catégorie.

La deuxième partie arrête :

- par chapitre, les dépenses du budget général ;
- par service, les dépenses des budgets des services de l'Etat gérés de manière autonome ;
- et par compte, les dépenses des comptes spéciaux du Trésor

Article 28

Les ressources du budget général sont présentées en chapitres subdivisés, s'il y a lieu, en articles et paragraphes.

Les ressources des services de l'Etat gérés de manière autonome sont présentées par services groupés selon les départements ministériels ou institutions auxquels ils sont rattachés.

Article 35 (1er alinéa)

Conformément aux dispositions de l'article 50 de la Constitution, si au 31 décembre, la loi de finances de l'année n'est pas votée ou n'est pas promulgué .... budgétaires soumises à approbation.

Article 38

Les évaluations de recettes font l'objet d'un vote d'ensemble pour le budget général et les budgets des services de l'Etat gérés de manière autonome et d'un vote par catégorie pour les comptes spéciaux du Trésor.

Article 39

Les dépenses du budget .... par chapitre.

Les dépenses des budgets des services de l'Etat gérés de manière autonome font l'objet d'un vote d'ensemble par département ministériel ou institution auxquels ils sont rattachés.

Les dépenses des comptes .... (La suite sans modification.)

Article 2

Le titre premier de la loi organique précitée n° 7-98 est complété par le chapitre 3 bis suivant intitulé des services de l'Etat gérés de manière autonome .

Chapitre 3 bis

Des services de l'Etat gérés de manière autonome

Article 16 bis

Constituent des services de l'Etat gérés de manière autonome , les services de l'Etat, non dotés de la personnalité morale, dont certaines dépenses, non imputées sur les crédits du budget général, sont couvertes par des ressources propres.

L'activité de ces services doit tendre essentiellement à produire des biens ou à rendre des services donnant lieu à rémunération.

Les services de l'Etat gérés de manière autonome sont créés par la loi de finances. Cette loi prévoit les recettes de ces services et fixe le montant maximum des dépenses qui peuvent être imputées sur les budgets de ces services.

Article 16 ter

Les opérations des budgets des services de l'Etat gérés de manière autonome sont prévues, autorisées et exécutées dans les mêmes conditions que les opérations du budget général sauf dérogations prévues par la loi de finances et sous réserve des dispositions qui suivent.

Le budget de chaque service de l'Etat géré de manière autonome comprend une partie relative aux recettes et aux dépenses d'exploitation et, le cas échéant, une deuxième partie concernant les dépenses d'investissement et les ressources affectées à ces dépenses.

L'insuffisance des recettes d'exploitation est compensée par le versement d'une subvention d'équilibre prévue au titre I du budget général.

L'excédent éventuel des recettes d'exploitation sur les dépenses est affecté au financement des dépenses d'investissement, le cas échéant.

L'insuffisance des recettes propres affectées aux dépenses d'investissement est compensée par une subvention d'équilibre prévue au titre II du budget général.

L'excédent des recettes réalisées sur les paiements effectués est reporté d'année en année.

Le solde des services de l'Etat gérés de manière autonome supprimés par une loi de finances est pris en recette au budget général.

Les services de l'Etat gérés de manière autonome peuvent être dotés de crédits d'engagement correspondant à leurs programmes d'investissement pluriannuels.

Les engagements n'ayant pas donné lieu à ordonnancement au titre d'une année sont imputés en priorité sur les crédits ouverts au titre du budget de l'année suivante.

Article 3

Dispositions transitoires

Par dérogation aux dispositions de l'article 6 de la loi organique précitée n° 7-98 relative à la loi de finances, il sera voté un projet de loi de finances édictant les dispositions nécessaires pour la période courant du 1er juillet au 31 décembre 2000. Cette loi fera l'objet d'une loi de règlement concernant cette période.

Annexe 4. Décret n°2-98-401 du 9 moharrem 1420 (26 avril 1999) relatif à l'élaboration et à l'exécution des lois de finances

Le Premier Ministre,

Vu l'article 65 de la Constitution ;

Vu la loi organique n° 7-98 relative à la loi de finances, promulguée par le dahir n° 1-98- 138 du 7 chaabane 1419 (26 novembre 1998) ;

Vu la décision de la chambre constitutionnelle de la Cour suprême n° 237 du 6 moharrem 1412 (19 juillet 1991) ;

Après examen par le conseil des ministres réuni le 2 moharrem 1420 (19 avril 1999), Décrète :

Chapitre premier

Préparation et élaboration de la loi de finances

Article Premier

Conformément aux dispositions de l'article 32 de la loi organique n° 7- 98 susvisée, le ministre chargé des finances prépare, sous l'autorité du Premier ministre, le projet de loi de finances.

A cet effet, chaque année, avant le 1er novembre, le ministre chargé des finances expose au gouvernement les conditions d'exécution de la loi de finances en cours et présente une esquisse du projet de loi de finances pour l'année budgétaire suivante. Il invite les ordonnateurs, conformément aux orientations du gouvernement, à établir leurs propositions de recettes et de dépenses pour l'année budgétaire suivante.

Article 2

Les propositions des ordonnateurs portant sur les recettes et les dépenses ainsi que les projets de dispositions à insérer dans le projet de loi de finances doivent parvenir au ministère chargé des finances avant le 1er janvier.

Chapitre II

Dispositions générales

Article 3

Tout projet de loi ou de règlement susceptible d'avoir une incidence financière directe ou indirecte doit être revêtu du visa préalable du ministre chargé des finances.

Article 4

La rémunération des services rendus par l'Etat est instituée par décret pris sur proposition du ministre chargé des finances et du ministre intéressé.

Les tarifs afférents à ladite rémunération sont fixés par arrêté conjoint du ministre chargé des finances et du ministre intéressé.

Article 5

Les taxes parafiscales, perçues dans un intérêt économique ou social au profit d'une personne morale de droit public ou privé autre que l'Etat et les collectivités locales, sont établies par décret, pris sur proposition du ministre chargé des finances et du ministre intéressé.

Article 6

Sont fixées par décret pris sur proposition du ministre chargé des finances toutes dispositions de nature à assurer la bonne gestion des finances publiques notamment les règlements relatifs à la comptabilité publique, à la passation des marchés de l'Etat et au contrôle des engagements des dépenses de l'Etat.

Article 7

Sont pris sur proposition du ministre chargé des finances, les décrets prévus à l'article 35 de la loi organique n° 7-98 précitée et relatifs :

- à l'ouverture des crédits nécessaires à la marche des services publics et à l'exercice de leur mission, en fonction des propositions budgétaires soumises à approbation ;
- à la reprise des dispositions concernant les recettes dont la suppression est proposée dans le projet de loi de finances ainsi que celles pour lesquelles ledit projet prévoit une diminution de taux.

Chapitre III

Dispositions communes au budget général et aux comptes spéciaux du Trésor

Article 8

Tout acte à conclure en vue de la mise à la disposition de l'Etat des fonds de concours et des produits des dons et legs, visés au premier alinéa de l'article 22 de la loi organique n° 7-98 précitée, est signé, au nom de l'Etat, par le ministre chargé des finances et le ministre intéressé ou les personnes déléguées par eux à cet effet.

Les ouvertures de crédits prévues par les alinéas 1 et 2 de l'article 22 précité font l'objet d'arrêtés du ministre chargé des finances.

Article 9

Les produits de cessions ou de commandes faites par un service public à un autre service public, ainsi que de prestations de services fournies par un service public à un autre service public, sont portés en recettes, selon le cas, au budget général ou aux comptes spéciaux du Trésor et ne peuvent, en aucun cas, donner lieu à rétablissement de crédits au profit du service public cédant ou fournissant la prestation.

Article 10

Les effectifs des personnels visés aux articles 14, 15 et 20 de la loi organique n° 7-98 précitée, lorsqu'ils portent sur des agents non titulaires rémunérés sur des dotations ouvertes au budget général ou, le cas échéant, sur les comptes spéciaux du Trésor, doivent être préalablement autorisés par le ministre chargé des finances.

Article 11

Les sursis à exécution, en cours d'année budgétaire, de dépenses d'investissement prévus à l'article 45 de la loi organique n° 7-98 précitée sont effectués par décret pris sur proposition du ministre chargé des finances.

Chapitre IV

Budget général

Article 12

Pour les opérations d'investissement qui s'exécutent sur plus d'une année, les dépenses y afférentes peuvent donner lieu à des crédits de paiement et des crédits d'engagement.

Article 13

Les prélèvements sur le chapitre des dépenses imprévues, visés à l'article 42 de la loi organique n° 7-98 précitée, sont effectués par décret pris sur proposition du ministre chargé des finances.

Article 14

En application de l'article 43 de la loi organique n° 7-98 précitée, les décrets portant ouverture de crédits supplémentaires sont pris sur proposition du ministre chargé des finances.

Article 15

Les transformations d'emplois vacants peuvent être opérées, en cours d'année budgétaire, par arrêté du ministre chargé des finances sur proposition du ministre intéressé.

Les redéploiements d'emplois à l'intérieur d'un même chapitre peuvent être opérés, en cours d'année budgétaire, par décision de l'ordonnateur intéressé.

Ces transformations et redéploiements doivent être repris dans la prochaine loi de finances.

Article 16

Les reports de crédits disponibles à la fin de l'année budgétaire au titre des dépenses d'investissement, visés au 2e alinéa de l'article 46 de la loi organique n° 7-98 précitée, font l'objet d'arrêtés du ministre chargé des finances, au vu des relevés des crédits de report qui lui sont adressés par les ordonnateurs. Copies de ces arrêtés sont transmises aux ordonnateurs concernés.

Article 17

Des décisions du ministre chargé des finances, prises sur proposition des ordonnateurs intéressés, peuvent modifier la dotation des articles, paragraphes et lignes à l'intérieur de chacun des chapitres du budget général relatifs aux dépenses de fonctionnement et de la dette publique.

Des arrêtés du ministre chargé des finances pris sur proposition des ordonnateurs intéressés peuvent modifier la dotation des articles et paragraphes à l'intérieur des chapitres concernant les dépenses d'investissement. Toutefois, et sauf autorisation exceptionnelle donnée par le Premier ministre, la dotation initiale de ces articles ne peut être augmentée ou diminuée par ce moyen de plus de 10 %.

Des décisions du ministre chargé des finances, prises sur proposition des ordonnateurs intéressés, peuvent modifier la dotation des lignes à l'intérieur d'un même paragraphe en ce qui concerne les dépenses d'investissement.

Chapitre V

Comptes spéciaux du Trésor

Article 18

En application de l'article 18 de la loi organique n° 7-98 précitée, les décrets portant création, en cours d'année budgétaire, de comptes spéciaux du Trésor sont pris sur proposition du ministre chargé des finances.

Article 19

Les crédits inscrits aux comptes d'affectation spéciale et aux comptes de dépenses sur dotation sont évaluatifs. Les dépenses engagées sur ces crédits ne peuvent donner lieu à ordonnancement et paiement que dans la limite des recettes réalisées sous réserve des dispositions du 2e alinéa de l'article 22 de la loi organique n° 7-98 précitée.

Les comptes d'affectation spéciale et les comptes de dépenses sur dotation pour lesquels le montant des recettes réalisées y compris les reports est supérieur aux crédits ouverts par la loi de finances, peuvent être dotés par arrêté du ministre chargé des finances d'un crédit additionnel égal au supplément des recettes réalisées.

Article 20

L'octroi par l'Etat d'avances ou de prêts par l'intermédiaire de comptes d'avances ou comptes de prêts fait l'objet d'un contrat entre le ministre chargé des finances et le bénéficiaire. Ce contrat stipule, notamment, le montant de l'avance ou du prêt, la durée, le taux d'intérêt et les modalités de remboursement. Il est assorti d'un tableau d'amortissement et doit porter engagement d'inscription des crédits nécessaires aux règlements prévus en capital et intérêts aux budgets des exercices futurs de l'organisme attributaire.

Les remboursements d'avances et les amortissements de prêts sont comptabilisés aux comptes d'avances et de prêts correspondants ; les intérêts de ces avances et prêts sont pris en recettes au budget général.

Les avances et prêts peuvent être représentés par des bons à intérêt ou des effets négociables.

Article 21

Les avances visées à l'article précédent sont accordées pour une durée égale ou inférieure à deux ans. Leur taux d'intérêt ne peut être inférieur au taux d'intérêt des bons du Trésor à un an émis sur le marché des adjudications des valeurs du Trésor.

Toute avance, non remboursée au terme fixé, fait l'objet :

- soit d'une décision de recouvrement immédiat dans les conditions fixées à l'article 23 ci-dessous ;
- soit d'une consolidation sous forme de prêt assortie d'un transfert à un compte de prêt.

Article 22

Les prêts, y compris ceux provenant de la consolidation d'une avance, ont une durée supérieure à deux ans. Ils doivent comporter un remboursement fractionné en amortissements séparés par un intervalle d'une année au plus.

Le taux d'intérêt des prêts ne peut être inférieur au taux d'intérêt des bons du Trésor à un an émis sur le marché des adjudications des valeurs du Trésor augmenté d'un point.

Lorsque le prêt provient de la consolidation d'une avance, le taux d'intérêt du prêt doit être supérieur d'au moins un point au taux d'intérêt de l'avance.

Toutefois, les conditions de rétrocession des prêts du Trésor provenant de dons ou d'emprunts extérieurs, notamment celles relatives au taux d'intérêt, à la durée et à la monnaie de remboursement, sont fixées par arrêté du ministre chargé des finances.

Article 23

Toute somme due au titre d'une avance ou d'un prêt du Trésor et non versée à la date à laquelle elle est devenue exigible, porte intérêt de plein droit, à compter de cette date, au taux d'intérêt de l'avance ou du prêt, majoré de deux points.

Le recouvrement de toute somme due au titre d'une avance ou d'un prêt et non réglée dans l'année qui suit sa date d'échéance est effectué par les voies de droit en vertu d'un ordre de recette émis par le ministre chargé des finances.

Chapitre VI

Dispositions transitoires et finales Article 24 : Sont abrogés les articles 1, 2, 3, 7, 8, 9, 10, 21, 24 (alinéa 2), 26 (alinéas 3, 4, 5 et 6), 28 (alinéa 2), 29 (alinéa 2), 30 (alinéas 3 et 4), 31 (alinéa 2), 32 (alinéas 2, 3, 4, 5 et 6), 33 (à l'exception de l'alinéa 3, dernier paragraphe), 34 (alinéas 1 et 2), 35, 36 (alinéas 2 et 3), 37, 38 et 40 du décret royal n°331-66 du 10 moharrem 1387 (21 avril 1967) portant application des dispositions de la loi organique des finances relatives à la présentation des lois de finances.

Article 25

Les comptes d'affectation spéciale qui, à la date de publication du présent décret au Bulletin officiel sont alimentés par des taxes parafiscales, continuent à l'être jusqu'au remplacement ou la suppression desdites taxes conformément à la législation et la réglementation en vigueur.

Article 26

Le ministre de l'économie et des finances est chargé de l'exécution du présent décret qui sera publié au Bulletin officiel.

Fait à Rabat, le 9 moharrem 1420 (26 avril 1999).

Abderrahman Youssoufi.

Pour contreseing :
Le ministre de l'économie et des finances,

Fathallah Oualalou.

Annexe 5. Circulaire relative à l'adjudication des bons de Trésor de Bank Al-Maghrib, n° 18/G/2003 du 22/04/2003

La présente circulaire a pour objet de fixer les modalités d'application des arrêtés du Ministre des Finances et de la Privatisation du 27 janvier 2003 et du 03 avril 2003 relatif à l'émission de bons du Trésor par voie d'adjudication.

Article premier

Toute personne physique ou morale, résidente ou non résidente, peut soumissionner aux adjudications des bons du Trésor.

Article 2

Les soumissions doivent être présentées par les établissements figurant sur les listes, objet de l'annexe I.

Article 3

Le montant unitaire des bons émis par le Trésor dans le cadre des adjudications est de 100 000 dirhams.

Article 4

Les adjudications portent sur les bons suivants :

- Les bons à très court terme de 7 à 30 jours de durée;
- Les bons à court terme de 13 semaine 26 semaines et 52 semaines de durée.
- Les bons à moyen terme de 2 ans et 5 ans de durée, remboursables in fine.
- Les bons à long terme de 10 ans,15 ans et 20 ans de durée, remboursables in fine.

Article 5

Les bons du Trésor sont émis à taux fixe ou à taux variable.

Article 6

Les dates d'émission et les caractéristiques des bons du Trésor sont portées, en temps utile, à la connaissance des investisseurs.

Article 7

Les bons du Trésor souscrits par voie d'adjudication sont négociables de gré à gré sur le marché secondaire relatif à cette catégorie de bons.

Article 8

Les bons du Trésor souscrits par voie d'adjudication sont inscrits en compte auprès du Dépositaire central au nom des établissements admis à présenter les soumissions et affiliés à cet organisme. Cette inscription fait ressortir la répartition entre « avoirs propres » et « avoirs clients ».

Article 9

les bons du Trésor sont remboursés au pair à dater du jour de leur échéance. Les intérêts produits par les bons à court terme sont réglés à l'échéance ou à l'émission et sont calculés sur la base de 360 jours.

Les intérêts des bons à moyen et à long terme sont payables annuellement et à terme échu. Ils sont calculés sur la base d'une année de 365 jours ou de 366 jours si l'année est bissextile.

Les émissions de bons à court terme à intérêts précomptés sont annoncées à l'avance par le Ministère des Finances et de la Privatisation.

Article 10

Hormis les bons à très court terme qui peuvent être émis hors calendrier, les adjudications des bons du Trésor ont lieu selon la périodicité suivante :

- tous les mardis, dans le cas des bons à 13 semaines, 26 semaines et 52 semaines ;

- le deuxième et le dernier mardi de chaque mois, dans le cas des bons à 2 ans, 5 ans, 10 ans et 15 ans.

- le dernier mardi de chaque trimestre dans le cas des bons à 20 ans.

Si le mardi est un jour férié, l'adjudication est reportée au jour ouvrable suivant.

Le Ministère des Finances et de la Privatisation se réserve, toutefois, la possibilité d'annuler des séances prévues au calendrier ou de procéder à des adjudications supplémentaires. Ces modifications sont annoncées une semaine à l'avance.

Article 11

Les soumissions retenues donnent lieu à règlement le lundi suivant la séance d'adjudication pour les maturités égales ou supérieures à 13 semaines. Si le lundi est un jour férié, le règlement s'effectue le jour ouvrable suivant.

Le règlement des soumissions des bons à très court terme, s'effectue le premier jour ouvré suivant le jour de l'adjudication.

Article 12

Les établissements admis à présenter des soumissions formulent les offres qu'ils effectuent, pour leur propre compte et pour le compte de leur clientèle, au moyen de bordereaux qui doivent être conformes aux modèles figurant respectivement aux annexes II et III.

Les établissements agréés par le Ministère des Finances et de la Privatisation en qualité d'intermédiaires en valeurs du Trésor doivent formuler, à l'aide d'un bordereau conforme au modèle figurant à l'annexe IV, les soumissions qu'ils présentent à ce titre et dont les modalités sont précisées à l'article 16 ci-après.

Les bordereaux des soumissions sont transmis par Fax à Bank Al-Maghrib à Rabat (Direction de la Régulation Monétaire, Département des Opérations du Marché Monétaire), au plus tard le mardi à 10 h 30 mn. Les soumissionnaires sont toutefois tenus de s'assurer auprès de cette Direction de la réception de leurs envois.

Les bordereaux incomplets, raturés, incorrectement remplis ou reçus au-delà de l'heure limite ne sont pas pris en considération.

Article 13

Les soumissions sont exprimées en taux ou en prix à deux décimales. Les soumissions en prix sont annoncées à l'avance par le Ministère des Finances et de la privatisation.

Les soumissions aux bons émis par assimilation sont exprimées en prix.

Lors du règlement, les adjudicataires de bons assimilables acquittent, outre le prix des bons qui leur sont attribués, le montant des intérêts courus de la date de jouissance à la date de règlement, sur la base du coupon couru communiqué par le Ministère des Finances et de la Privatisation.

Article 14

Les établissements admis à présenter des soumissions peuvent, pour chaque maturité, soit proposer un seul montant ainsi que le taux ou le prix correspondant, soit fractionner leurs propositions en plusieurs tranches, assorties de taux ou de prix différents.

Article 15

La Direction de la Régulation Monétaire de Bank Al-Maghrib communique à la Direction du Trésor et des Finances Extérieures du Ministère des Finances et de la Privatisation les soumissions recevables, sous forme ordonnée et anonyme. La Direction du Trésor et des Finances Extérieures fixe le taux ou le prix limite de l'adjudication.

Seules les soumissions faites à un taux inférieur ou égal au taux limite, ou à un prix supérieur ou égal au prix limite, sont satisfaites.

Les soumissions retenues sont servies aux taux ou aux prix proposés par les souscripteurs.

Le montant des offres au taux ou au prix limite peut être retenu en totalité ou en partie seulement. Dans ce dernier cas, la répartition est effectuée proportionnellement aux offres reçues.

Article 16

Les établissements agréés par le Ministère des Finances et de la Privatisation en qualité d'intermédiaires en valeurs du Trésor peuvent présenter, le jour de l'adjudication avant 10 h 30 mn, des offres non compétitives (ONC) qui seront servies à hauteur de 20% des montants adjugés dont 50% au taux ou au prix limite et 50% au taux ou au prix moyen pondéré.

Le montant des offres retenues à ce titre ne peut excéder, pour l'ensemble des établissements concernés, 20% du volume adjugé par maturité.

La Direction de la Régulation Monétaire est chargée de la répartition de ce montant entre les intermédiaires en valeurs du Trésor concernés.

Article 17

Dès réception de la décision du Ministère des Finances et de la Privatisation qui doit intervenir le jour même de l'adjudication, la Direction de la Régulation Monétaire informe individuellement les établissements soumissionnaires de la suite réservée à leurs soumissions.

Article 18

Les principaux résultats de chaque séance d'adjudication (montants globaux proposés, taux ou prix limites retenus, montants globaux adjugés, taux ou prix moyens pondérés.......) sont portés, par la Direction de la Régulation Monétaire, à la connaissance du Groupement Professionnel des Banques du Maroc, de la Caisse de Dépôt et de Gestion, de l'Association Professionnelle des Sociétés de Financement, de l'Association Professionnelle des Sociétés de Bourse, de l'Association des Sociétés de Gestion et Fonds d'Investissement Marocains et de la Fédération Marocaine des Compagnies d'Assurance et de Réassurance.

La Direction de la Régulation Monétaire communique également ces résultats, pour diffusion, aux agences Maghreb Arab Presse et Reuters.

Les principaux résultats de chaque séance d'adjudication sont disponibles sur le site Internet de Bank Al-Maghrib.

Article 19

La présente circulaire, qui prend effet à compter du 2 mai 2003, annule et remplace la circulaire n°11/G/00 du 04 septembre 2000, telle qu'elle a été modifiée.

Annexe 6. Modificatif n°1 de la circulaire n°18/G/2003 du 22/04/2003 relative à l'adjudication des bons du Trésor

En application de l'arrêté du Ministre des Finances et de la Privatisation du 27 janvier 2004 relatif à l'émission de bons du Trésor par voie d'adjudication et de la lettre du 29 avril 2004 adressée par Monsieur le Ministre des Finances et de la Privatisation à Monsieur le Gouverneur de Bank Al-Maghrib, les articles 9 et 10 de la circulaire n° 18/G du 22 avril 2003 relative à l'adjudication des bons du Trésor sont modifiés comme suit :

Article 9

Les bons du Trésor sont remboursés au pair à dater du jour de leur échéance. Les intérêts produits par les bons à court terme sont réglés à l'échéance ou à l'émission et sont calculés sur la base de 360 jours. Les émissions de bons à court terme à intérêts précomptés sont annoncées à l'avance par le Ministère des Finances et de la Privatisation.

Les intérêts des bons à moyen et long terme sont payables annuellement aux dates anniversaires des dates de jouissance et à terme échu. Ils sont calculés sur la base de 365 jours ou de 366 jours si l'année est bissextile.

Pour les bons du Trésor rattachés à d'autres lignes antérieures ou postérieures, les intérêts sont réglés aux dates anniversaires de la date de jouissance des lignes de rattachement.

Article 10

Hormis les bons à très court terme qui peuvent être émis hors calendrier, les adjudications des bons du Trésor ont lieu selon la périodicité suivante :

- tous les mardis, dans le cas des bons à 13 semaines, 26 semaines et 52 semaines ;
- le deuxième et le dernier mardi de chaque mois, dans le cas des bons à 2 ans, 5 ans, 10 ans et 15 ans ;
- le dernier mardi de chaque mois, dans le cas des bons à 20 ans.

Si le mardi est un jour férié, l'adjudication est reportée au jour ouvrable suivant.

Le Ministère des Finances et de la Privatisation se réserve, toutefois, la possibilité d'annuler des séances prévues au calendrier ou de procéder à des adjudications supplémentaires. Ces modifications sont annoncées une semaine à l'avance.

Le présent modificatif prend effet à compter du 24 mai 2004.

Annexe 7. Modificatif n°2 de la circulaire n°18/G/2003 du 22/04/2003 relative à l'adjudication des bons du Trésor

En application de l'arrêté du Ministre des Finances et de la Privatisation du 9 mars 2006 relatif à l'émission de bons du Trésor par voie d'adjudication, les articles suivants de la circulaire n° 18/G du 22 avril 2003 relative à l'adjudication des bons du Trésor sont modifiés comme suit:

Article 4

Les adjudications portent sur les bons suivants :

- Les bons à très court terme de 7 à 45 jours de durée ;
- Les bons à court terme de 13 semaines, 26 semaines et 52 semaines de durée ;
- Les bons à moyen terme de 2 ans et 5 ans de durée ;
- Les bons à long terme de 10 ans, 15 ans, 20 ans et 30 ans de durée.

Article 5

les bons du Trésor sont émis à taux fixe ou à taux révisable.

Article 9

les bons du Trésor sont remboursés au pair à dater du jour de leur échéance. Les intérêts produits par les bons à court terme sont réglés à l'échéance et sont calculés sur la base de 360 jours.

Les intérêts des bons à moyen et long terme sont payables annuellement aux dates anniversaires des dates de jouissance et à terme échu. Ils sont calculés sur la base de 365 jours ou de 366 jours si l'année est bissextile.

Pour les bons du Trésor rattachés à d'autres lignes antérieures ou postérieures, les intérêts sont réglés aux dates anniversaires de la date de jouissance des lignes de rattachement.

Article 10

Hormis les bons à très court terme qui peuvent être émis hors calendrier, les adjudications des bons du Trésor ont lieu selon la périodicité suivante :

- tous les mardis, dans le cas des bons à 13 semaines, 26 semaines et 52 semaines ;
- le deuxième et le dernier mardi de chaque mois, dans le cas des bons à 2 ans, 5 ans, 10 ans et 15 ans ;
- le dernier mardi de chaque mois, dans le cas des bons à 20 ans et 30 ans.

Si le mardi est un jour férié, l'adjudication est reportée au jour ouvrable suivant.

Le Ministère des Finances et de la Privatisation se réserve, toutefois, la possibilité d'annuler des séances prévues au calendrier ou de procéder à des adjudications supplémentaires. Ces modifications sont annoncées une semaine à l'avance.

Article 13

Les soumissions sont exprimées en taux ou en prix à deux décimales. Les soumissions en prix sont annoncées à l'avance par le Ministère des Finances et de la Privatisation.

Les soumissions aux bons émis par assimilation sont exprimées en prix. Lors du règlement, les adjudicataires de bons assimilables acquittent, outre le prix des bons qui leur sont attribués, le montant des intérêts courus de la date d'émission ou la date de paiement du coupon précédent à la date de règlement, sur la base du coupon couru communiqué par le Ministère des Finances et de la Privatisation.

Le présent modificatif prend effet à compter du 27 novembre 2006.

Table des matières

L'HARMATTAN, ITALIA
Via Degli Artisti 15 ; 10124 Torino

L'HARMATTAN HONGRIE
Könyvesbolt ; Kossuth L. u. 14-16
1053 Budapest

L'HARMATTAN BURKINA FASO
Rue 15.167 Route du Pô Patte d'oie
12 BP 226 Ouagadougou 12
(00226) 76 59 79 86

ESPACE L'HARMATTAN KINSHASA
Faculté des Sciences Sociales,
Politiques et Administratives
BP243, KIN XI ; Université de Kinshasa

L'HARMATTAN GUINÉE
Almamya Rue KA 028 en face du restaurant le cèdre
OKB agency BP 3470 Conakry
(00224) 60 20 85 08
harmattanguinee@yahoo.fr

L'HARMATTAN CÔTE D'IVOIRE
M. Etien N'dah Ahmon
Résidence Karl / cité des arts
Abidjan-Cocody 03 BP 1588 Abidjan 03
(00225) 05 77 87 31

L'HARMATTAN MAURITANIE
Espace El Kettab du livre francophone
N° 472 avenue Palais des Congrès
BP 316 Nouakchott
(00222) 63 25 980

L'HARMATTAN CAMEROUN
Immeuble Olympia face à la Camair
BP 11486 Yaoundé
(00237) 99 76 61 66
harmattancam@yahoo.fr

L'HARMATTAN SÉNÉGAL
« Villa Rose », rue de Diourbel X G, Point E
BP 45034 Dakar FANN
(00221) 33 825 98 58 / 77 242 25 08
senharmattan@gmail.com

www.ingramcontent.com/pod-product-compliance
Lightning Source LLC
LaVergne TN
LVHW011022061026
849535LV00006B/2015